超级聪明的学习者

（父母版）

揭秘培养孩子学业成功的原则和策略

［菲］苏宪平（Wallace Panlilio II）
［德］阿蒂姆·津琴科（Artyom Zinchenko）
著

陶尚芸　译

Wisest
Learners

（Parent Edition）

Unlock the Secrets to
Your Child's Academic Success

机械工业出版社
CHINA MACHINE PRESS

本书的目标是训练家长培养出超级聪明的学习者。作者站在教育家和心理学家的肩膀上，以一系列经典学习科学研究理论为基础，从最新的实证研究结果、全面的元分析、神经科学研究和现代学习科学的发展中汲取真知灼见，系统阐述本书提出的学习策略。本书不会只关注学习的某一个要素或特征，而是会采取一种全面的方法，考虑有助于终身学习者发展的所有因素。本书汇集了所有经过测试、研究并被证明非常有效的学习原则和策略的精华，并将它们简化和整理，以便父母去发现和应用。在本书中，作者基于学习树理论模型，谈论父母和孩子的性格，学习者的动机和态度，以及父母如何进行学习示范和指导，进而指导父母从更全面的角度出发，有效地帮助孩子成为超级聪明的学习者。

Wisest Learners (Parent Edition): Unlock the Secrets to Your Child's Academic Success
ISBN: 979-8988782810
Copyright ©Digital Ventures Pte. Ltd. FZ LLC. 2024
Simplified Chinese Translation Copyright ©2025 by China Machine Press. This edition is authorized for sale in the Chinese mainland (excluding Hong Kong SAR, Macao SAR and Taiwan).
All rights reserved.

北京市版权局著作权合同登记　图字：01-2024-3835 号。

图书在版编目（CIP）数据

超级聪明的学习者：父母版：揭秘培养孩子学业成功的原则和策略 / （菲）苏宪平（Wallace Panlilio II），（德）阿蒂姆·津琴科（Artyom Zinchenko）著；陶尚芸译. -- 北京：机械工业出版社，2025. 3. -- ISBN 978-7-111-77529-4

Ⅰ. G791；G78

中国国家版本馆CIP数据核字第2025HJ5465号

机械工业出版社（北京市百万庄大街22号　邮政编码100037）
策划编辑：坚喜斌　　　　　责任编辑：坚喜斌　陈　洁
责任校对：张爱妮　张亚楠　　责任印制：刘　媛
唐山楠萍印务有限公司印刷
2025年4月第1版第1次印刷
145mm×210mm·9.25印张·1插页·190千字
标准书号：ISBN 978-7-111-77529-4
定价：69.00元

电话服务　　　　　　　　　　网络服务
客服电话：010-88361066　　机 工 官 网：www.cmpbook.com
　　　　　010-88379833　　机 工 官 博：weibo. com/cmp1952
　　　　　010-68326294　　金 书 网：www.golden-book.com
封底无防伪标均为盗版　　机工教育服务网：www.cmpedu.com

我们想把这本书献给我们的父母，感谢他们以各种美妙的方式给我们灌输了对学习的终身热爱。

引 言

> 如果我们用心做了所有我们能做的事情，我们真的会让自己大吃一惊。
>
> ——托马斯·爱迪生（Thomas Edison）

这也许很难想象，但托马斯·爱迪生并不是一个好学生。至少在他的小学老师看来，他不是个好学生，这位老师对他的描述是"桀骜不驯"。小爱迪生的想象力丰富、好奇心强，但由于多次耳部感染和猩红热，他的听力很差。他接受的传统教育大多基于沉闷枯燥且平凡无奇的死记硬背和重复策略，这让他常常感到厌烦[1]。此外，小爱迪生调皮捣蛋，俨然是教室里的讨厌鬼，是别人眼中"桀骜不驯、患有多动症、注意力不集中的孩子"。但他长大后却名扬四海，因为他在电力实践应用方面取得了重大进步、在电影工业发展中发挥了重要作用，还实施了 X 射线的医学实验。

幸亏爱迪生的母亲也是一名教师，她给予了爱迪生更多的关注并付诸了行动，没有让外人的负面评价跟随爱迪生太久。

小爱迪生在学校大约只待了 12 个星期就被老师撵出了学校。他的母亲决定亲自监督儿子的教育。近年来，我们的世界见证了家庭教育的爆炸式增长，而在爱迪生的时代，家庭教育却更为普遍，因为当时由政府支持的全国性"公立学校"体系才刚刚开始形成。[2] 爱迪生的母亲愿意尝试各种不同的教育方法，直到找到适合自己儿子的方法。在母亲的引导下，小爱迪生对知识和阅读产生了永不满足的渴望。母亲培养了他独立学习和自我教育的能力，而这种能力使他受益终身。[3]

托马斯·爱迪生是塞缪尔·爱迪生（Samuel Edison）和南希·爱迪生（Nancy Edison）的第七个也是最小的孩子。爱迪生的家庭并没有显赫的财富或资源。但他的父母以身作则，展现了勤勉的工作态度和克服困难的能力，这些品质似乎深深植根于爱迪生的心灵深处，帮助他克服了不断恶化的听力障碍。他的成就归功于他克服贫困和抓住机遇的毅力和韧性。但在考虑他的教育背景时，我们必须充分尊重他的父母对他的引导和榜样作用，尤其是他母亲的细心关怀和积极参与，这为他走向成功铺平了道路。

现在，让我们来看看一位现代成功人士的早年生活。奥普拉·温弗瑞（Oprah Winfrey）是美国第一位非裔亿万富翁。她是媒体和慈善事业领域的杰出人物，最著名的是她的脱口秀节目《奥普拉·温弗瑞秀》（*The Oprah Winfrey Show*），该节目播出了 25 季。[4] 1954 年，温弗瑞出生在美国密西西比州的乡下，她克服了艰难的成长环境，最终获得了巨大的声誉和成功，这一历程广为人知。她的许多成长岁月都是在贫困且犯罪率高的社区度过的。她多次搬家，分别与祖母、母亲和父亲一起生活，在每个家中都体验着截然不同的生活。在很小的时候，她就被家人性侵和殴打。[5] 她十几岁的时候就曾怀过一次孕，儿子出生两周就夭折了。她的遭遇本可以轻易地打败她，让她一蹶不振，然而，她早年的创伤并没有成为她的人生故事的终结。她后来成了一名高中优等生，并获得了美国田纳西州立大学的全额奖学金。

温弗瑞拥有坚强的意志和充沛的活力。她在年轻时面临的挑战使她能够深切地同情那些同样经历过悲惨童年的人。这些特质促使她年纪轻轻就取得了成功，助力她将电视观众转化为忠实的粉丝，让她成为美国第一位非裔女性亿万富翁，并获得了美国总统自由勋章，这是美国授予平民的最高荣誉。然而，就像爱迪生一样，也有一些关键时刻和突出的影响因素在她的生活似乎陷入困境时帮助她做出了正确的选择。十几岁的时候，温弗瑞和父亲、继母一起住在纳什维尔。父亲和继母常常为她提供急需的安抚和严格的指引，就像他们去教堂里寻求心灵慰藉一样。温弗瑞说过："我父亲带我去的那一刻，他也改变了我的人生轨迹，是他救了我。"温弗瑞的父亲很注重外表且是个很传统的人，对教育的要求也十分严苛，他认为教育是成功的关键。"我记得，有一次，我带回家一张得分为 C 的成绩单，"温弗瑞说，"我父亲说：'C 不被接受。'我说：'不被接受？ C 是中等成绩。这样的成绩也不差！'他对我说：'如果你只能得到 C，那对我来说就足够了。我不会要求你做得更多。但你不是这么低档次的学生。所以，在这个家里，C 是不被接受的分数。'"[6]

我们可以在爱迪生和温弗瑞的人生故事中总结出一些相似之处。他们两个人早年都经历过苦难。他们必须克服可能阻碍他们前进的悲伤、失望和困难。他们也拥有以非凡的方式塑造他们和支持他们教育的父母和导师。他们也有榜样和向导帮助他们设想出一条不同的人生之路。正是因为这些积极的榜样以及他们自己战胜逆境的内在动机，他们才得以抓住摆在面前的机会。

爱迪生一生中的大部分时间都是在实验室里度过的，他追求真理并检验想法。即使到了生命的最后几年，他仍在研究有关电动火车的构想，并寻找国内天然橡胶的来源。作为发明家、商人和企业家，他在许多领域都取得了成功，一路走来积累了大约 2 亿美元（按今天的美元计算）[7] 的财富。再说说温弗瑞，她后来表现出了放缓脚步的迹象。迫于女性的艰辛和机会的缺失，她开始在南非为女孩们创办领导力学院。在她广受欢迎的脱口秀节目结束后，她推出了一本非常受欢迎的月刊，创办了自己的电视网络，还写了几本书，这些都是她的非凡成就的冰山一角。爱迪生和温弗瑞的人生都以永不满足的求知欲、好奇心和探索精神为特征。

我们喜欢把这种学习者称为"超级聪明的学习者"，他们是新思想的终身策展人，永远不会满足于停止追逐新的可能性。超级聪明的学习者知道自己的成就是无止境的。他们很少感到无聊。他们看到了一切成长的可能性。如果爱迪生和温弗瑞早年的经历能说明什么，那就是超级聪明的学习者可以从最贫瘠的土壤中成长起来。即使你的孩子被社会认为是桀骜不驯、患有多动症的问题少年，只要采用正确的策略，利用有效的工具，并进行一些积极的榜样示范，那么，你的家中或许正孕育着一个成功少年的故事。

本书的目标是训练家长培养出超级聪明的学习者。我们站在教育家和心理学家的肩膀上，我们以保罗·平特里奇（Paul Pintrich）博士、巴里·齐默曼（Barry Zimmerman）博士和莫妮克·博埃卡特斯（Monique Boekaerts）博士的经典策略为基础，从最新的实证研究结果、全面的元分析、神经科学研究和现代学习科学的发展中汲取真知灼见以强调我们提出的战略。我们不会只关注学习的某一个要素或特征，而是会采取一种全面的方法，考虑有助于终身学习者发展的所有因素。

大多数孩子在成为超级聪明的学习者之路上都会遇到必须翻越的障碍。即使他们的成长环境主要是积极的、有教养的，他们仍然需要努力锻炼"学习肌肉"，培养成功所需的自律。正如博埃卡特斯的"学习模型"[8]所描述的那样，学习具有情感层面，对于家长来说，在追求学习与孩子的福祉之间找到平衡至关重要。孩子学习新事物的心理能力（通常被称为认知能力）必须考虑在内。当新的想法和机会出现时，如果孩子的大脑已经被其他情感干扰占据，那么他们将无法用心去追求这些想法。家长需要确保孩子在情感上得到支持，并指导他们清除心理上的杂念。只有这样，孩子们才有空间实施我们即将讨论的学习策略，以及达到更高层次的自动性和"心流"状态，而这些都是超级聪明的学习者的追求目标。

令人欣慰的是，大量的研究表明，对学习的热爱以及成为超级聪明的学习者所需的技能是可以通过父母的良好示范来传授和掌握的。作为父母，你可以在家里培养这种精神和心态。因此，本书中会反复提到父母的影响力。

学习是一个复杂的系统，涉及多个相互重叠的因素或角色，每个因素或角色都对学习者的整体成功有所贡献。这些因素可以被看作三个相互重叠的圆圈（见图1），每个圆圈代表一个不同的角色。其中一个圆圈是学习者，即孩子。第二个圆圈是父母，展示了家长在学习过程中的亲身示范作用。第三个圆圈是学习过程本身。本书将介绍每一个圆圈——每个圆圈都是这个故事中一个有意义的角色。虽然本书直接面向家长，但最终受益的是孩子。学习过程是建立"智慧学习法"的途径。这些概念之间相互关联，每个想法都是在前一个想法的基础上建立起来的。这些圆圈之间都有交集，缺一不可。

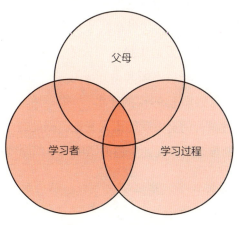

图1　三个重叠的因素

虽然这本书主要是为抚养年幼学习者的父母写的，但值得注意的是，学习新事物永远不嫌晚。想想列奥纳多·达·芬奇（Leonardo da Vinci），他直到 30 岁时才开始学习高等数学。虽然儿童的早期阶段是启动良好学习策略的理想时期，但无论何时开始运用本书中的观点和策略都能取得成效。超级聪明的学习者，无论年龄大小，即使是准备独立学习这些策略的高中生和大学生，都会发现本书分享的见解具有无限的价值。此外，虽然我们直接与家长沟通，但我们知道并非每个孩子都能在亲生父母的照顾下成长。在某些情况下，"父母"一词可以扩展到祖父母或监护人。为了简化起见，我们将"父母"一词用于指代在情感上投身于养育、支持和培养孩子的成年人。本书汇集了所有经过测试、研究并被证明非常有效的学习原则和策略的精华，并将它们简化和整理，以便每个家长去发现和应用。长期以来，这些理念只为享有特权的学术界人士所知，而现在将向所有人开放。

爱迪生的故事展现了父母在其子女成功道路上所扮演的重要角色。人们经常把爱迪生描述为天才，但他会反驳说："天才就是努力工作、坚持不懈和抛开成见。"[9] 他还曾说过："天才就是 1% 的灵感加上 99% 的汗水。"很显然，他明白，没有人可以不经过艰苦的努力就能出人头地。据爱迪生创新基金会称，爱迪生的母亲曾教爱迪生遵循四项简单的原则：

- 如果你失败了，永远不要气馁。从失败中吸取经验教训，继续努力。
- 学习的时候，请"手脑并用"。

- 生活中并非所有有价值的东西都来自书本，亲自去体验世界吧！
- 永远不要停止学习。阅读包罗万象的文学作品。

有了这些原则，南希为爱迪生提供了他一生赖以生存的"脚手架"，即基本框架、思维方式和视角。在本书中，我们将给当今的孩子们展示，什么样的艺术和科学称得上是优质的"脚手架"。

我们还将重点介绍其他著名历史人物的显著特征，比如，亚伯拉罕·林肯（Abraham Lincoln），并反思促使他终身热爱学习的"模式"。我们将找出促成斯蒂芬·库里（Stephen Curry）和扬尼斯·阿德托昆博（Giannis Antetokounmpo）等体育人物走向成功的"模式"。我们将思考的是，作为父母，如何从我们自己做起，从今天开始做出选择，塑造我们希望在孩子身上看到的品格。而认清自己在这一切中的角色可能是最难的一课。

盲人摸象的故事

很久很久以前，在印度的一个村庄里，住着六位天生失明的老人。村民们用爱呵护着这些老人，但由于他们不能亲眼看到这个世界，就只能根据他们从旅行者那里听到的故事来想象天下奇观。他们对大象特别好奇。他们听说过这样的故事：大象是强大的巨兽，是适合公主骑乘的优雅且温柔的动物，但也是可怕的野兽，可以用"犄角"刺穿男人的心脏。

老人们不分昼夜地争论着大象，每个人都坚持认为自己对大象的描述是正确的。村民们厌倦了他们的争吵，只好安排这些好奇的老人去参观宫殿，了解有关大象的真相。村里选出一个小男孩去给这些老人带路。

　　当老人们到达宫殿时，他们受到了一位老朋友的欢迎，这位老朋友在宫殿的庭院里做园丁。园丁把他们带到院子里的一头大象跟前。这些老人走上前去摸了摸这个引起了许多争吵的生物。每个人都摸了摸大象的不同部位，然后对大象的长相得出了自己的结论（见图 2）。

图 2　《盲人摸象》的场景

第一位老人摸了摸大象的身体，说："大象就像一堵墙。"

第二位老人摸了摸大象的牙齿，说："错！大象就像一支长矛。"

第三位老人摸了摸大象的鼻子，叫道："你俩都错了。大象就像一条蛇。"

第四位老人摸了摸大象的腿，说："你们仨都在胡说八道。大象就像一棵树。"

第五位老人摸了摸大象的耳朵，说："你们全都错了。大象就像一把扇子。"

最后，第六位老人摸了摸大象的尾巴，说："你们都是大傻瓜。大象就像一条绳子。"

老人们为大象的样子大声争论，他们的争吵声惊醒了熟睡中的王公。王公问他们："你们只碰了大象的一部分，怎么就这么肯定自己说得对呢？"然后，王公建议他们把大象的各个部位都放在一起，然后看看真相到底是什么。

六位老人陷入了沉默，仔细思考着王公的话。众所周知，王公是一个非常智慧的人。

在回家的路上，六位老人讨论了王公的建议，他们意识到，要想了解真相，就必须把所有部分都拼凑起来。他们一路上互相扶持，每个人的手都放在前面那个人的肩上。他们把大象的各个部分都拼凑在一起，最后终于弄清楚了大象的真实样子。

序　言

　　培养超级聪明的学习者的过程很复杂，不能过于简单化。本书中概述的策略必须经过一段时间的反复练习才能奏效。此外，家长和孩子都应该保持灵活变通，并且有愿意接受新思想的意愿，这一点至关重要。我们完整地分享了《盲人摸象》的寓言故事，因为我们相信它对于开启学习之旅以及对于接纳新思维方式的开放需求有着重要的启示。在这个寓言故事中，每个人的观点都是正确的，但同时也是不完整的。他们每个人只识别出了大象的一部分。同样，许多已经出版的书籍只提供了单一简化的学习方法。但在现实中，"智慧学习"没有什么快速或草率的捷径可走。在本书中，我们将以更广泛的笔触来讨论学习的主题，将大象作为一个整体而不是一个部分来解释。我们会谈论父母和孩子的性格、学习者的动机和态度，以及父母如何进行学习示范和指导。

　　我们（本书的两位作者）希望扩大学习话题的参考框架，给学习过程一个宏观的视角，从整体上看"大象"是什么样子，并呈现充分拥抱学习的完整而丰富的现实。从更全面的角度出发，我们相信家长能够更有效地帮助孩子成为超级聪明的学习者。

首先，让我们来谈谈为什么成为超级聪明的学习者如此重要。与100年前相比，今天的孩子们需要学习的（小学、大学和研究生）课程的内容量大大增加，他们必须吸收的信息量也急剧增长。此外，即使完成了传统意义上的学业，在我们的职业生涯中，持续学习也仍是必不可少的。我们必须跟上就业和世界变化的步伐。要想成为成功的终身学习者，我们的孩子需要掌握技术、策略和机制以增强他们的学习能力。我们的目标是为大家提供智慧学习的"脚手架"，以便你们可以将其传递给自己的孩子。这个"脚手架"将成为他们的学习基础，使智慧学习成为他们的第二天性。当新的学习机会出现时，智慧学习就会自动触发一系列学习行为。

年轻的学习者需要通过实践来了解何时以及如何应用这些学习策略，这将形成心智上的"肌肉记忆"，最终深深地扎根于他们的日常行为。超级聪明的学习者知道如何绕过低层次的学习过程——这种学习将成为自动行为和第二天性，这样他们就可以花更多的时间专注于更高层次的思考和学习。有了这样的效率，他们就能学得更好更快。

作为父母，我们知道学习原则和学习策略是一回事，但能够帮助我们的孩子学习和应用它们，本身就是一项具有挑战性的任务。既然这本书是为父母们设计的，那么，请允许我分享一下我 12 岁那年的一段过往，从而突出为人父母的重要性和艰巨性。在菲律宾华人文化中，青少年每年夏天都要出去打童工。对我来说，那些暑假我都是在爷爷的店里打工，销售汽车零件。对我来说，暑假打工丰富了我的人生经历，让我懂得了努力工作的价值，也磨炼了我的创业本能。很多时候，我的工作是当收银员。有一天，我意识到那天的销售额没有达到预期。我对爷爷的苦难感同身受，我不想让他因为当天的销售额低而失望。我想到了一个"绝妙"的主意。我决定扣下一部分钱，藏在收银员的抽屉下面。我的想法是："今天我爷爷已经为销售不佳而难过了，所以，为什么不让今天变得更难过呢？明天我再把这些钱摆出来，就有了盈余，他会开心的。"

我没有意识到的是，我的父亲，也就是商店经理，已经在跟踪当天的销售情况了。他知道今天生意清淡，希望抽屉里的现金也能反映出这一点。所以，当抽屉里的现金比预期的还要少时，局面变得混乱了。作为收银员，我被要求承担责任。当被问到这个问题时，我僵住了。我无法解释我的推理。尽管我知道我的意图是好的，但我无法把我的想法用语言表达出来。我的爸爸和爷爷只能得出一个合理的解释，即他们不得不认为我是想偷东西。我被送回了家，惹了大麻烦。我不能责怪他们，因为我不能恰当地解释自己的行为。即使我能够表达我的"高尚意图"，也很难让人信服。

我永远不会忘记这段经历，这是我作为一名教育者和一名家长一直铭记在心的教训。它突出了我们作为父母面临的艰巨任务。父亲怎么能从我的沉默中看出我的动机呢？这段经历教会了我要深入挖掘的意义。当涉及孩子时，父母不要接受任何表面上的东西。有时，孩子们无法或不愿解释他们的想法或真实感受。我鼓励父母创造一个安全的环境，使自己和孩子之间的交流充满吸引力，这样，当父母在生活和学业上指导孩子时，他们就会认真倾听和学习。

孩子们并不总能理解他们所受教育的价值。他们并不总是有动力去努力学习，并在每一个转折点都做出明智的选择。而智慧学习的特点只会随着时间的推移以及父母和孩子之间大量开放且有趣的对话而逐渐养成。

在撰写本书的过程中，我们一直秉承着这种关于儿童发展的思维方式。在分享我们的工具和策略时，我们认识到了有助于孩子成熟的情感层次和元素。牢记这些基本需求，本书将以超级聪明的学习者的"学习树"的形式展开（见图3），这是力量和持久的象征。我们将把讨论分为以下几个部分：

1. 树根：父母的策略。

2. 树干：学习的基础。

3. 树枝：学习策略管理。

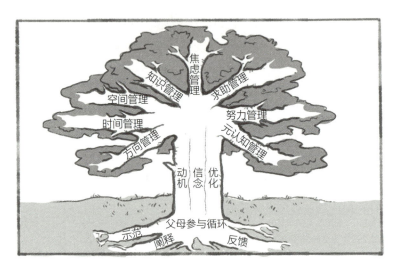

图 3　学习树

这棵"学习树"的框架将作为我们阅读本书的指南。"树根"部分将进一步探讨父母在孩子学习发展中的作用，并提供了一个有利于孩子成功的"父母参与循环"。然后，我们将沿着"树干"向上攀登，揭开激活年轻学习者的动机、信念和优化技能的秘密。"树枝"部分将确定许多适用且实用的学习策略。经证明，这些策略可显著提高学习效果。

我们知道，每一位阅读本书的家长心中都会有不同的目标，在深入阅读之前考虑这些期望是很重要的。你阅读和融入这些内容的方式取决于你的目标。你可以快速浏览这些页面以获得对本书主题的初步了解，确保你的时间不会被浪费。你和你的孩子将从你收集到的见解中受益。但是，如果你能够投入更多的时间，并且你正在寻找更深刻的影响和更吸引人的体验，本书也可以提供这方面的资料。无论如何，当你阅读这本书时，你能从这些材料中受益。至于你能从这本书中获益多少，则取决于你自己。

以下是一些关于阅读本书的注意事项：

- 我们努力确保书中的所有观点都基于调查研究。调查研究的总结贯穿全书，随后是简短的研究回顾，我们会给这些段落添加项目符号或编号，确保你记下关键要点。
- 每章的结尾都会提供一套行动计划，先是提出问题，然后给出建议，需要你花几分钟的时间思考答案，也可以参考现有的建议。我们之所以纳入了这些行动计划，是为了使本书更加实用。我们想帮助你考虑如何应用和实践本书中讨论的内容。
- 阅读时随身携带一个笔记本，记录下那些让你印象深刻的想法。读完本书后，你可以回顾那些想法，记下你希望应用的关键概念。
- 希望与本书建立更深层次联系并希望通过应用书中理念获得持久影响的人，可以考虑每周只消化一章内容。耐心地研读本书中的内容。慢慢地消化，并寻找将本书中的策略和概念应用于实践的方法。

现在，作为致力于支持孩子学习的家长，让我们揭开"学习树"中隐藏的真相，并开启培训、培育和培养终身学习者的过程。

目　录

超级聪明的学习者（父母版）
揭秘培养孩子学业成功的原则和策略

第三部分 学习策略管理
——"学习树"的树枝

超级聪明的学习者（父母版）

揭秘培养孩子学业成功的原则和策略

第一部分

父母的策略

——"学习树"的树根

父母的策略简介

我们所熟知和喜爱的亚伯拉罕·林肯总统，并不是凭一己之力变成总统的。相反，在他的孩童时代，有一位至关重要的人物帮助引导和塑造了他的早期发展，使他为成年后所面临的重要而富有挑战性的角色做好了准备。

"母亲去世后，年幼的亚伯拉罕·林肯（小时候常常被唤作'亚伯'）和他的姐姐莎拉开始了一段沉闷乏味的生活。"林肯的法律合伙人兼传记作家威廉·赫恩顿（William Herndon）写道。11岁的莎拉艰难地在他们仅有一间房且地板脏兮兮的小屋里做家务。[1] 父亲再婚时，小亚伯拉罕·林肯（整天脏兮兮的、饥肠辘辘的、渴望得到关爱的小男孩）立刻开始称呼他的新继母（也叫莎拉）"妈妈"。谢天谢地，这种好感是相互的。莎拉·布什·约翰斯顿（Sarah Bush Johnston）立马就给她刚认识的继子和继女洗澡，把他们洗得干干净净，还给他们穿上了她亲生孩子的衣服。她还坚持要求她的新婚丈夫在家中安装一块地板、一扇像样的门和一些窗户。

林肯曾回忆起自己的童年，称那是"快乐而幸福的时光"，他把这主要归功于继母的爱。尽管她不识字，但她还是为他买了书，并激发了他的智力发展，在为他提供稀缺的正规教育方面发挥了关键作用。"我鼓励丈夫允许亚伯在家里和学校一样读书和学习。"她后来说，"起初，他并不情愿，但最后，他也似乎愿意在某种程度上鼓励亚伯。亚伯一直是个孝顺的好孩子。"

在林肯的生母去世后，莎拉·布什·约翰斯顿填补了这个小男孩生活中的巨大空缺。她进一步推进了林肯生母的育儿历程，培养了亚伯的阅读理解能力和智力。"莎拉对教育的价值深有体会。"杰夫·奥本海默（Jeff Oppenheimer）说。他著有《那个国家可能存活》（*That Nation Might Live*）一书，这是一部基于他对林肯与其继母之间深厚关系的深入研究的历史小说。"她很早就意识到这个男孩的与众不同之处，并捍卫了他追求智力发展的权利。"她对待林肯就像对待自己的亲骨肉一样，给予他爱、善意和鼓励。

"她发掘了一个天赋异禀的小男孩，当几乎周围的所有人都只看到这个瘦长难看且行动笨拙的男孩的'毛糙'时，她却看到了他身上的闪光点，"奥本海默说，"这就是母亲的本能。"[2]她给了他迫切需要的爱和关注，如果没有这些，他可能就会陷入绝望和毁灭的泥沼。

作为父母，我们是将我们的家庭成员维系在一起的黏合剂，也是孩子在学习和成长过程中寻求指导的参照点。我们还是他们情绪稳定的来源。通常来说，我们是他们了解爱和健康关系的第一榜样。父母必须明白他们在孩子将成为什么样的学习者方面扮演着至关重要的角色。家长们往往会花大量的精力考虑孩子的学校环境，研究诸如学校毕业率、考试成绩和师生比例等因素。所有这些因素当然都会影响孩子的教育。但它们应该与孩子的家庭环境和家长对学习的态度同等重要。孩子的家庭生活会对他们的认知状态、心理状态以及学业成绩产生重大影响。

普里西拉·丘（Priscilla Yau）及其同事在一项研究中探讨了父母对孩子学业成绩的影响。[3] 这项研究发现，诸如反应灵敏和建立明确的规则等支持性特征是促进孩子学习的有效因素。该研究还强调了其他有益的育儿特质，如表现出关爱（即向孩子表达爱意）、参与亲子互动（即花时间陪伴孩子）和培养独立性（即引导孩子走向自立），所有这些都与学业成绩有关。这些特征的高频率出现与学生的 GPA 分数增加呈正相关。

同样不容忽视的是，该研究还发现，某些负面的育儿特征会导致学习障碍。诱导孩子的负罪感（即让孩子感到内疚）和贬低孩子（即不搭理孩子的想法和表达）会损害孩子的学习成绩。例如，孩子们一说话，父亲或母亲就会插嘴，替他们把话说完，这就属于贬低孩子的表现。当母亲或父亲因为其他家庭成员的问题责怪孩子时，孩子就会产生负罪感。

这两种消极的育儿特征都可以归类为父母心理控制的范畴，即父母试图操纵和控制孩子的思想和行为。有些家长会采用这些控制策略来让孩子在情感上依赖他们。

《家庭研究杂志》（*Journal of Family Studies*）就这一主题进行的另一项研究，评估了表达关爱、交流沟通、参与互动、建立规则以及为孩子提供自主权等育儿方式，从而了解这些育儿方式如何影响孩子学习数学、语言及自然科学和社会科学的能力[4]。研究结果表明，许多这样的育儿策略，尤其是让孩子在个性的各个方面展示自主权的机会，可以对学生的成绩和学业成就产生积极影响。值得注意的是，这些策略与语言学习和数学成绩的提高相关，而语言和数学是儿童需要掌握的最重要的基础学科。

这些研究对我们来说特别有意义，因为它们以你可能没有预料到的方式展示了父母的育儿方式对学习的影响。它们涉及育儿的许多方面，比如情感表达和给予孩子自主权的程度。这些因素就像一套强大的智慧学习策略，可以轻易转化为孩子们的学业成就。有了这些对父母的研究和关注，你可能会比以往任何时候都更强烈地感受到父母的责任的重量。但在你屈服于压力之前，让我们集体深呼吸一下吧！"智慧育儿"的必要性是显而易见的，但我们对"完美育儿"的期望则不然。作为父母，我们应该在育儿过程中不断学习、改进和反复尝试不同的策略。在这个过程中，我们的诚实会使我们的孩子受益匪浅；他们也需要看到我们的学习和成长，因为他们希望从我们身上学到东西。但如果你觉得自己还没有完全准备好树立"智慧学习"的榜样，也不要担心！培养超级聪明的学习者是一项持续的工作，也是我们必须努力的事情。但是，如果你愿意尝试，愿意接受实验和失败，直到你找到一个"好节奏"，那么，你会做得很好。没有比这更好的榜样了。

本书的第一部分将为你提供如何找到"好节奏"的策略。基于我们在教育领域的经验以及从大量研究中收集的洞见，我们可以在你的学习旅程中助你一臂之力。我们承担了阅读数千份研究期刊的繁重工作。我们的目标是最大限度地优化你的努力，并为你提供工具，使你发挥作为父母的角色的作用，培养出超级聪明的学习者。下面是一些简单但重要的想法，你可以从今天开始实施，这些想法可以从根本上提高你的影响力。

首先，考虑以下两个想法：

父母对孩子的高标准很重要。

但这些标准必须伴以温暖和爱的甜蜜。

———————

我们喜欢称之为"双 S"（见图 1-1），即标准（Standards）和甜蜜（Sweetness）。

图 1-1 "双 S"图

研究回顾

◎ 诸如反应灵敏和建立明确的规则等支持性特征是促进孩子学习的有效因素。与学业成就相关的其他有益的育儿特质还包括表达关爱、积极参与互动和鼓励独立。

◎ 有时候，提升孩子学习意愿的最好方法是给予很多的关爱，并敞开心扉倾听他们的想法和观点，即使这些想法和观点与你的不同。

◎ 当父母试图通过怪罪、操纵和贬低来控制孩子的思想和行为时，这可能会导致孩子的学习成绩下降。

你可以对你的孩子达到的目标设定高标准，但你的孩子也需要你的温暖和爱来支持这些标准。要坚定，也要温和。温和体现了爱和温暖，而坚定体现了高标准。高热情和高要求可以通过三种实践来体现和表达，即示范、阐释和反馈。我们创建了一个名为"父母参与循环"的框架，并用图展示了这些想法是如何相互协作的。

父母参与循环

父母参与循环（PEC，见图 1-2）是一种工具，家长可以使用它去更好地了解他们在孩子学习过程中要扮演的角色。这是我们将在接下来的几章中详细解释的一个循环，也是本书其余部分将不断提及的内容。

PEC 的三个轮辐分别是示范、阐释和反馈。PEC 的中心是家庭文化。家庭文化影响着示范、阐释和反馈的体现方式。家庭文化可以定义为家庭中普遍存在的态度、精神或心态。它是在家庭中反复出现的特征，也是将父母和孩子联系在一起的共同纽带。温暖和谐的家庭文化将有助于培养超级聪明的学习者。

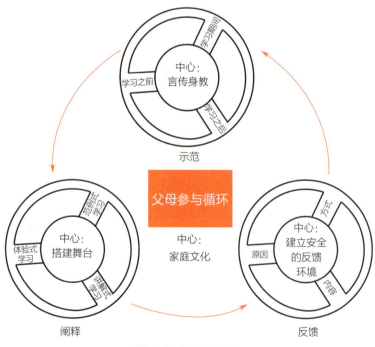

图 1-2　父母参与循环

PEC 是环形的，因为环形轮子上的每一个轮辐都与下一个轮辐相互关联并相互支撑。而且，这是一个永无止境的循环。回到我们之前讨论的"不需要完美，只需要愿意并乐于尝试新事物"的话题，作为家长，PEC 是一个需要你一生不断努力的过程。

我们创建 PEC 是为了实现以下目标：

帮助家长了解自己。

帮助家长了解自己的孩子。

———————

正如我们在序言中提到的，本书按照"学习树"的结构划分为不同的部分。PEC 和示范、阐释、反馈等参与策略是"学习树"的"树根"。它将为父母提供坚实的基础，使孩子茁壮成长。你积极地将 PEC 付诸实践，月复一月，年复一年，树根结构将变得更加稳固和强大。接下来的三章将重点讨论这些参与形式，分别对其进行深入探讨，同时明确它们之间的联系。我们还将讨论你如何在日常生活中使用这些策略。为了说明 PEC 对有效育儿的重要性，让我分享一下我姐姐维安（Vian）的故事吧。我称姐姐为"超级妈咪"，她一生中经历了许多挑战。她没有让这些挑战击垮自己，而是选择让这些挑战告诉她如何生活和养育孩子。我认为她是一个很好的榜样，展现了积极支持智慧学习的各种特质。

在目前的婚姻之前，我姐姐曾经有过一次恋情，差一点儿就结婚了。然而，在婚礼前三个月，她的未婚夫被诊断出患有结肠癌，不久就去世了。在这巨大的悲剧面前，她找到了平复悲伤、追求新梦想的力量，同时也对瞬息万变的生活有了更深刻的领悟。她邂逅了一个新朋友，不久之后他们结婚了。起初，怀孕对她来说并不容易，但凭借坚持和耐心，他们最终组建了一个家庭。他们现在有三个漂亮的孩子，对生活有了更深切的感激之情。"我们在怀孕过程中经历了艰难的挣扎，"维安分享道，"但人们对我的鼓励和支持让我的信念更加坚定。当我怀上儿子的时候，我知道他的生命是有价值和意义的。我想确保他也能意识到这一点。"

他们所有的孩子都是卓越的佼佼者，无论是在学业上还是个人追求上都是如此。大儿子是游泳和射箭的好手，但在被诊断出患有淋巴瘤后，他被迫放弃了这些爱好。早在姐姐的前任未婚夫被诊断出结肠癌的时候，她就意识到了事态的严重性。她能够将自己从过去遭遇中获得的智慧与大儿子分享，我相信，他也认真听取了她的建议。他没有让淋巴瘤的诊断结果击垮自己，而是决定充分利用余下的生命，无论余生有多长，他都会继续努力。他决定报名参加一个国际学士课程，选择最难的课程以便鞭策自己，并尽可能从该课程中汲取一切精华。这个选择风险很高，因为该课程的分数越高，考上的学校就越好，于是他毅然选择了这条艰难的道路，拒绝走捷径。他的成绩高于平均水平，但离毕业还差一分。尽管如此，他从这次经历中学到了很多。他坚持不懈，申请并获得了一所很棒的技术学院的奖学金。他目前在澳大利亚悉尼攻读机械电子工程学位，表现非常出色！他因为杰出的学术成绩而一直在该学院的荣誉榜单上。

我相信，我姐姐的大儿子（以及她所有的孩子）的成功，部分是由于她早年所面临的损失和心痛，谁知道她是如何从这些经历中成长，并将来之不易的智慧传递给孩子的呢？她为孩子们树立了一个积极的榜样，证明自己已经克服了艰难的、意料之外的生活境遇，仍然找到了一条让自己茁壮成长的道路。她更加懂得了生活中最重要的是什么（坚强的性格和信念），并以此指导自己鼓励孩子、教导孩子和激励孩子。

这个故事强调了 PEC 在积极育儿中的重要性。我们向孩子坦诚地讲述我们过去的挣扎和失败，以便为他们树立坚韧不拔（韧性）和坚持不懈（毅力）的榜样，这是良好教养的关键要素。这可以帮助孩子们学会如何克服困难，并依赖我们的支持和指导，从而强化 PEC 的后两个步骤，即阐释和反馈。我们欢迎他们提问并鼓励开放的对话，以便创造一种积极的家庭文化，培养沟通和信任，这是 PEC 的基础组成部分。积极育儿对于我们这些边学边做的人来说也是可行的（说实话，我们大多数人都是这样的）。PEC 为培养健康的亲子关系、促进孩子最佳的学习和成长提供了参考框架。让我们拥抱 PEC，努力成为我们所能成为的最佳父母，并以此为基础，自信地应对养育孩子的挑战，培养有韧性且有成效的学习者。

在接下来的一章中，我们将更深入地探讨"示范"的具体方式，以及其在培养超级聪明的学习者方面的作用。

行动计划

◎ 当涉及学习新事物时，你觉得自己的心态是开放的吗？你的孩子会从你开放和乐于接受的态度中学到很多东西，同样也会从你的教导中学到很多东西。当你在每一章的末尾考虑行动计划时，请寻找一种方法，帮你为你的孩子树立一个开放学习的榜样。

◎ 花点时间反思一下你的家庭环境。请记住，没有哪个家庭环境是完美的！记下一些如何为家庭创造更多温馨且美好的时光的想法。

◎ 你有没有让你的孩子看到你的挣扎和奋斗，久而久之，让他们见证你的成长？回想一下你最近遇到的挑战，想一想如何让你的孩子从你的经历中学习到有用的东西。

◎ 当孩子提出挑战你的问题时，你感觉如何？你的家庭是否存在公开对话和艰难对话的空间？考虑一下你可以在家中鼓励公开讨论的方法。

第一章　示范

特蕾莎修女是世界知名的人道主义者，她出生在一个虔诚的天主教家庭。由于父母积极参与当地的教会活动，年幼的特蕾莎（当时名为艾格尼斯）很早就接触到了一种充满信念的生活。在艾格尼斯 8 岁时，她的父亲不幸病倒并去世。父亲去世后，艾格尼斯与母亲德拉娜·博加丘（Drana Bojaxhiu）的关系变得特别亲密。这位母亲因其慈悲和慷慨而闻名。在很多方面，她的母亲塑造了她对如何向他人施以善意的看法。

艾格尼斯和她的母亲居住在斯科普里，即现在马其顿共和国的首都。她们并不富裕，但母女俩经常邀请城里的穷人和她们一起用餐，共享她们简朴的家庭生活。据说，德拉娜这样教导她的女儿："孩子，除非你与他人分享，否则一口也不要吃。"当艾格尼斯问她的母亲和她们一起吃饭的人是谁时，她的母亲会这样解释："有些是我们的亲戚，有些不是，但他们全都是我们自己人。"[1] 德拉娜在女儿的心中播撒着善良和利他的种子，这些种子后来在艾格尼斯的生活中结出了果实。当培养超级聪明的学习者时，父母的良好示范意味着向孩子展示了如何在生活的各个领域成为勤奋的学生。无论是在学术追求还是社交互动方面，我们都要为孩子树立榜样，展示如何行动、如何说话，以及如何与周围的人交往。随着我们展现出持续的、诚实的终身学习兴趣（比如，愿意尝试新事物、拥有新体验、面对新挑战），良好的榜样作用就会自然而然地产生。

值得铭记的是，我们的姿态、态度和观点的影响力往往大于我们的言语本身。这可能让你想起一句众所周知的话："身教重于言传，榜样的力量是无穷的。"

这一想法源于孔兆祥（Siu-Cheung Kong）和王宜青（Yi-Qing Wang）[2] 的一项研究。该研究表明，家长对任务有用性的感知以及他们提供的培养支持，可以有效地提高孩子的学习效率和积极性。这项研究表明，父母对某一主题、任务或教育项目的有用性和相关性的感知可以通过简单的对话和榜样示范传递给孩子。例如，作为家长，你是如何表达自己对数学、阅读或科学的看法的？面对一道难解的数学题时，你是否会贬低自己，宣称自己"不擅长数学"；或者，你会展示积极的学习心态，愿意不断尝试，直到你弄明白为止？如果你愿意学习一门难学的科目，你的孩子很可能会注意到你的态度，并将其作为他自己的态度。

你对正规教育的态度如何？如果你的求学经历并不顺利，那么，请考虑一下，你是如何通过回忆过去的故事或表达你对学校如何让你失望的想法的方式将这种经历传递给你的孩子的？你可以改变孩子对学校的看法。你可以首先改变自己的看法，然后把目光放在帮助孩子获得更好的体验上。正如俗话所说，受伤的人往往会伤害他人。作为父母，我们必须首先对学习持积极态度，潜在地解决和处理过去的问题，然后才能为孩子树立良好的榜样。

我父母的故事提供了一个正面榜样的好例子。当我的博士生导师问我是否有家庭成员激励我攻读研究生学位时，我说"没有"。当我告诉她，我的父亲只读到小学一年级，而我的母亲读完了高中二年级时，她感到非常惊讶。但是，他们两个人给我树立了一个影响深远的榜样，那就是他们酷爱学习。父亲会分享他如何从不同的人（尤其是像他父母这样的长辈）身上学到东西的故事，以及他对他们的感激之情。我母亲会花时间学习各种技能，然后将其转化为各种业务。他们会支持我的阅读爱好，允许我整天待在书店里读书。每年夏天，我的父母都会为我和兄弟姐妹报名参加各种各样的暑期技能活动，比如，绘画和弹钢琴等。这些活动在当今社会很常见，但当时，在我们的社区并不常见。我至今仍对我们的暑期学习经历感到惊叹，因为我的父母并没有雄厚的经济实力。为了让孩子们在传统学校系统之外获得各种学习体验，他们不得不做出很大牺牲。我的父母营造的学习环境影响了我对学习的看法。

作为父母，我们无疑会通过我们的态度和行动来传递我们关于学习的信念，这是培养超级聪明的学习者的基本原则，因此我们将这一理念融入了"父母参与循环"。"言传身教"，即父母示范如何行动，而不仅仅是谈论如何行动，是"示范轮"

（见图 1-3）的中心。作为父母，无论是有意还是无意，我们都在向孩子展示我们对学习的看法。至关重要的是，我们要拥有自己的影响力并认识到自己的影响。孩子们会将我们的观念内化为他们自己的价值体系。如果我们表现出对学习的开放态度，我们对学习新技能持积极态度，并以身作则，营造一种乐于发现新思想的生活方式，那么，反过来，我们的孩子也会更有动力去学习。

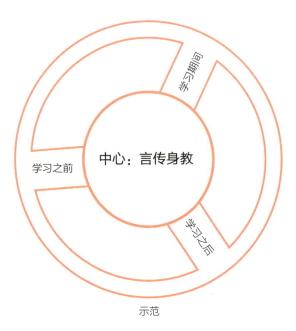

图 1-3　示范轮

研究回顾

◎ 孩子们会内化并模仿父母的行为。如果我们以积极开放的态度对待学习，孩子们也会这样做。

◎ 我们对学科或任务的价值的认识可以通过简单的对话、积极或消极的言辞以及我们对学科或任务的态度或姿态传递给孩子。

"示范轮"的三根辐条代表了"示范"应该发生的三个阶段，即学习之前、学习期间和学习之后。

● **学习之前**：这种示范指的是家长可以做的一些准备工作，以便创造有利于学习发生的积极条件。第九章将专门讨论空间管理和以一种优化学习的方式来构建物理环境的重要性。这可能包括提供一个有组织的、安静的、自然采光良好的学习空间，让孩子在这里进行高效的学习。就示范而言，"学习之前"考虑到了空间管理，但不止于此。它还指家长可以通过示范良好的学习行为（愿意解决难事和勇于探索新想法）来为孩子的学业成功做好准备。在孩子独立学习之前，我们可以向他们展示如何高效地学习。

● **学习期间**：这部分关注的是学习和掌握新技能的过程中发生的事情。作为父母，当你专注并努力理解新事物时，你会给孩子们展示什么样的行为？你会使用白板来直观地勾勒出你的想法吗？你是会安静地思考，还是会大声表达自己的想法？你花了多少时间在学习上？你会做些什么来避免分心？你自己的学习方式可以成为孩子们学习的正面榜样。这一步骤还考虑到在学习期间可以应用的具体学习策略，从而获得最佳学习效果和触发"心流"状态。第三部分将讨论我们推荐的各种学习策略。家长需要在帮助孩子确定如何应用各种学习策略方面发挥关键作用，并在可能的情况下为他们展示如何实践他们认为最有帮助的策略。

- **学习之后**：这部分示范将在学习结束后进行，包括确定哪些地方做得好，哪些地方做得不好，哪些地方可以改进。想想看，在学习一项新运动或与教练合作时，我们通常会在锻炼后与教练进行交流，讨论我们的表现情况。"学习之后"的良好示范提倡接受教练的建议，并花时间考虑如何在下一次训练中应用这些建议。"学习之后"的消极示范可能表现为不良的态度、因为进步不如预期迅速而放弃，或者因为没有进步而责怪教练。父母可以给自己的孩子提供示范，教他们如何处理自己的进步、如何听取教练的建议，并采取长辈推荐的步骤来提高自己。

2009年发生在哈德逊河上的一个真实事件可以说明什么是良好的示范。经验丰富的萨利机长切斯利·萨伦伯格三世（Captain Chesley "Sully" Sullenberger Ⅲ）被赋予了一个看似不可能完成的任务，即在两台发动机因鸟击失效的情况下，安全地使载有 155 名乘客的商业飞机降落。[3] 作为关键时刻的领导者，萨伦伯格意识到他的团队（包括副驾驶和乘务员）正处于危机之中。随着飞机高度的迅速下降，时间非常紧迫，他必须尽快行动。

萨利机长果断采取行动，巧妙地将飞机降落在哈德逊河上，执行了一次教科书般的水上着陆。在整个过程中，他始终保持冷静、沉着和专注，指导着他的团队，安抚着他的乘客。他的行动展示了在极端压力下最高水平的专业精神和能力。媒体后来称他为英雄，因为他的这一壮举，这次不可思议的水上着陆堪称奇迹。

萨利机长的行为不仅是英雄般的壮举，而且为他的团队和世人树立了一个强大的榜样。在一次前所未有的紧急迫降中，他的自我意识、决策能力和应对方式，都是他专业技能和领导能力的体现。他勇敢而熟练的示范为他的团队注入了信心和信任，最终收获了成功的果实。萨利机长的故事继续作为高风险情况下榜样力量的杰出典范被后人研究和颂扬。

我希望，在我们的现实生活中不会发生像萨利机长所经历的那种危险事件，否则我们就会成为所有孩子故事中的"英雄"。然而，我们仍然可以通过展示良好的品格、强烈的职业道德和开放的学习态度成为孩子的榜样。如果我们选择在日常生活中树立善良、优雅和好客的榜样，我们的孩子就会注意到这一点，并可能效仿我们的言行举止。我们的孩子会通过我们的行动来反思我们教给他们的东西。

让我们再回头说一说特蕾莎修女（或艾格尼斯）的故事和影响力。艾格尼斯的母亲是她的榜样，但艾格尼斯自己成为整整一代人的全球知名榜样。即使在她去世后，她依然是全球慈善运动者的偶像。

BBC 记者戴维·威利（David Willey）在 2016 年采访特蕾莎修女时曾这样评价她："截至 20 世纪 80 年代末，我见到特蕾莎修女时，她的修女姐妹以及相关的修士和神父们已经发展成为一支拥有 1800 名修女和数千名教友组成的国际大家庭。如今，他们的人数已接近 6000 人，活跃在 139 个国家。特蕾莎修女的修道会几乎不受地域限制，在柏林墙倒塌和苏联解体之前，她就已经在东欧建立起收容所和临终关怀医院，并开始招募人员了。"[4]

艾格尼斯的母亲做出的榜样为艾格尼斯的成长做出了贡献。她们母女的故事提醒着世人，作为父母，我们有着强大的影响力。我们可以通过自己的行动向孩子们展示如何成为"克服困难的勇士"，以及我们重视努力的过程而非结果的态度。作为他们的父母，我们可以决定哪些特征和价值观对我们的家庭来说是最重要的，然后成为为这些标准而奋斗的鲜活典范。培养下一代超级聪明的学习者是我们的责任，也是我们的美好机遇。

行动计划

◎ 你对孩子的学习态度有哪些担忧？请注意你在孩子的态度中看到的积极倾向和消极倾向，也就是你想要强化或改善的具体倾向。

◎ 你认为孩子的学习态度反映了你对学习的看法吗？写下你想要调整自己的学习态度的几种方法。为了向孩子展示自己对学习新事物或艰难的事情更加开放的态度，你想要改变哪些行为或观点呢？

◎ 你是否想要尝试新的机会或接受具有挑战性的任务？考虑一下如何让你的孩子参与其中，让他们见证你作为一名学习者的成长。

第二章　阐释

　　我和我的妻子很幸运能有机会四处旅行。我们的女儿现在已经 20 多岁了，而且她的工作通常可以远程完成，我们利用这个机会参观了许多不同的国家。这些旅行为我们提供了体验各种文化和生活方式的机会。这也是与分布在世界各地的朋友相聚和共度美好时光的绝佳方式。

　　在一次去田纳西州纳什维尔的旅行中，我和妻子与两个朋友共进晚餐。这对夫妻朋友带着两个小男孩。不出所料，这俩熊孩子忙个不停，精力充沛，充满好奇心。我们一边吃晚饭一边分享彼此的故事，聊着聊着就谈到了遭遇恐怖动物的话题。记得上个周末，我和妻子去了烟雾山，遇到了几只黑熊，体验了一场胆战心惊又激动人心的博弈。接着，朋友家庭中的那个父亲讲述了他与危险野生动物的一些偶遇，这自然激起了小男孩们的想象之火，他们迫切地想要了解更多关于他们父亲的惊险历程。这位父亲的耐心给我留下了深刻的印象，他认真地回答了孩子们的每一个问题。他并没有为了安抚他们而提供照本宣科的简单答案，虽然这种策略可以让他免受儿子们的干扰而专注于成人之间的对话。相反，每当孩子们的好奇心被激发时，他就会停下与我们的对话，为孩子们提供详细的解释，用他的话描绘出丰富多彩的画面，用他的话填满儿子们脑海里的好奇心。孩子们渴望了解更多，随着故事细节逐一展开，他们对野生动物和户外探险的兴趣也越来越浓厚。

我们的孩子在我们身边的短短几年里，作为他们的父母，我们是他们观察世界的一面透镜。我们的经历将成为他们的经历，我们会激发他们的想象力，让他们敞开心扉，接受周围可能发生的一切。我们有机会传授自己来之不易的智慧，以真实的、易消化、易理解的方式向他们这些年轻的学习者阐述艰涩的概念。这个过程叫"阐释"。

"阐释"意味着解释或澄清。阐释的目标是使一个话题更加清晰，更容易理解和掌握。随着孩子们不断成长、学习和体验新事物，他们的好奇心将引领他们去体验许多冒险。有无数的可能性等待他们去探索。有些事情对他们来说是自然而然的，但很多事情需要一定程度的解释。他们常常需要一位向导来帮助他们理解生活中遇到的事情。作为他们的父母，我们在提供这些见解方面有着得天独厚的优势。

阐释是"父母参与循环"中的第二个"轮子"。父母往往需要通过努力来培养耐心和开放的心态，巧妙地回答孩子的许多问题，帮助他们更好地观察和了解周围的世界。经常性的、深思熟虑的阐释将培养孩子成为终身学习者。当孩子们得到满意的答案时，他们就会把生活的一切视为学习的舞台。对他们来说，每一次机会都是一次拓展知识的新机会。

这就是为什么这个"轮子"的中心是"搭建舞台"。这种理念体现在父母确定并践行他们希望子女接受的家庭价值观、原则和行为准则上。父母为他们家里的学习环境清理出一条路线。父母有责任提供一个包容且开放的环境，让孩子们自由地提问。只有父母才能培养孩子的信任感，让他们相信，他们的好奇心会在倾听和共同学习的意愿中得到满足。

父母可以为孩子应该努力成为什么样的学习者提出标准，以此来"搭建舞台"。这些标准可以是：尽你最大的努力，加油工作，如果你打算做某事，就承诺把它做好。父母可以向孩子解释学习的价值，并帮助孩子幻想他们通过学习可以取得的成就。他们还可以通过口头表达来强化他们相信自己的孩子能够达到这些标准的信念，从而给予他们能够成功的信心。所有这些都可以通过对话和解释来直接或间接地传达给孩子。

下面是三项独立的研究分析，侧重于从三个不同的角度——基于家庭的参与、基于学校的参与和学业社会化——考察父母的参与度。

- **基于家庭的参与**包括父母在家中参与的活动，如监督或检查家庭作业、谈论学校生活等。这还可以包括让孩子做额外的家庭作业来巩固他们在学校所学的知识。
- **基于学校的参与**是指在学校内开展的活动，如父母与老师的互动、父母出席班会、积极参加与学校相关的活动等。这还可以包括家长帮忙筹款或参与学校活动。家长可以通过各种方式更积极地参与到孩子所在学校的活动中，但这些活动与正在进行的学习活动并无直接关系。

- **学业社会化**与父母和孩子谈论学校和学习的方式有关，旨在传达他们对教育的期望和看法。学业社会化可以包括父母问孩子这样的问题："为什么必须上学或取得好成绩？""你正在学习的东西与你未来的生活有什么关系？""你正在学习的东西对你未来的职业生涯有什么帮助？"

这三项研究旨在确定哪种形式的家长参与最有助于预测孩子的 GPA（平均分数）和学业成绩（他们所能达到的最高教育水平）。你可能会认为这三种参与方式中的第一种（以家庭为基础的参与，即家长帮助孩子完成家庭作业，并积极寻找新的方法在家中巩固学校所学）是最有效的，但实际上，所有三项研究都认为学业社会化是最有价值的。

第一项研究由戴伊（Day）和多特勒（Dotterer）发起[1]，该研究表明，加强学业社会化和基于学校的参与对所有参与研究的青少年的平均分数产生了积极的影响。有趣的是，这项研究中家长的报告强调，他们认为学术社会化的影响微乎其微。换句话说，家长们并不认为他们与孩子谈论学校的方式会产生多大的影响。然而，孩子们的报告描绘了不同的画面。青少年认为，学习社会化对其学习成绩的影响更大且更显著。

基于学校的参与是影响力位居第二的参与方式。似乎当你参与到孩子的学校活动中时，这种行动就会支持你关于学校重要性的谈话。你的参与表明你对学校活动的重视，你的孩子看到了你对学校活动的认真态度。此外，教师似乎也很重视家长的参与，他们会因为与家长的个人联系而更认真地对待这个孩子。你参与的学校活动越多，教师在心理上就越偏向于你的孩子。

最后，事实证明，基于家庭的参与和孩子的长期学业成果没有可靠的相关性。这基于参与研究的家长和学生提供的报告。甚至有学生报告称，基于家庭的参与对他们产生了轻微的负面影响。看来，当父母在家里逼得太狠时，效果可能会适得其反，甚至对学习者的 GPA 产生轻微的负面影响。

第二项研究由本纳（Benner）、博伊尔（Boyle）和萨德勒（Sadler）[2] 进行，该研究表明，基于学校的参与对弱势儿童特别有帮助。与此同时，学业社会化似乎也有效地促进了更多特权儿童的学业成绩。学生在校参与度和家长期望与学生的整体成绩和教育水平之间存在显著的关联。然而，基于家庭的参与和 GPA 或教育成就无关。

第三项研究由段（Duan）、元（Yuan）和何（He）[3] 开展，他们的研究结果与前两项的研究结果一致，都认为基于家庭的参与对学习成绩的影响不大。然而，其他两种参与方式在预测成绩方面发挥了重要作用，其中学业社会化的作用最强。换句话说，通过与孩子的直接对话来表达、解释和展示教育的重要性，是获得高 GPA 的最强预测指标。

基于家庭的参与似乎名声不佳，但第三项研究确实揭示了一个有趣的细节。基于家庭的参与是学校行为（包括出勤率、在校学习态度和不惹麻烦）的有力预测因素。令人欣慰的是，我们支持家庭作业和谈论学校生活的努力并没有白费。

总之，这三项不同的研究的样本量都很大，但都得出了类似的结论。它们强调了关于家庭教育的谈话如何对孩子的 GPA 产生积极而显著的影响。这些研究进一步说明了基于学校的参与和学业社会化如何对教育成就或孩子可能追求的学校教育程度产生积极影响。当家长解释和讨论孩子教育问题的价值时，他们就是在帮助孩子理解学习的重要性。这样，孩子们就更有动力取得成功——不仅更有可能完成学业，而且更有可能持续学习，获得研究生学位。

口头上设定一个标准，表达你对学习的重视，然后传达你对孩子的信任，即你相信他们能够学好眼前的知识。所有这些都将为孩子的学业成功奠定基础。

研究回顾

◎ 父母与孩子谈论学校和学习的方式会对他们的学业成绩产生直接影响。

◎ 参与孩子的学校活动、担任志愿者、参加现场会议等做法都能强化你与孩子关于他的学校和学习经历的价值观的交流。

◎ 额外的作业、家庭作业或在家练习都不如与孩子直接对话，让他们了解教育的价值来得重要。家长需要明确表达学习的重要性、学校教育对孩子的长远利益以及他们对孩子成功的信心。

有了这些强大的研究成果，让我们来重温一下"家长参与循环"和"阐释轮"（见图1-4）。我们已经知道，"搭建舞台"是"阐释"的中心。"阐释轮"的三根辐条代表父母为孩子进行有效阐释（体验式学习、范例式学习、讲解式学习）的三种方式。

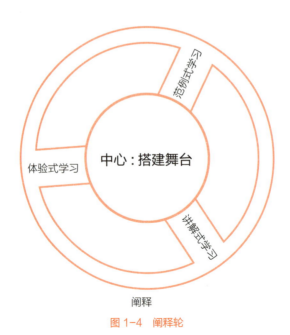

图1-4　阐释轮

- **体验式学习**：体验式学习涉及亲身参与主题活动。例如，如果一个孩子正在学习园艺，体验式学习将包括实际种植和照料花园。通过这种学习方式，孩子可以与植物、土壤和园艺工具互动，这使他能够更深入地理解和领会该主题。体验式学习是调动多种感官、创造持久记忆的有效方法。

- **范例式学习**：范例式学习涉及使用视觉或听觉辅助工具来帮助说明和解释主题。例如，如果一个孩子正在学习太阳系知识，范例式学习就可以包括观看行星及其轨道的图片和插图，或者观看太空探索的视频。虽然不如体验式学习那么沉浸，但范例式学习仍然可以帮助孩子深刻理解相关主题，尤其是与其他类型的学习相结合时，更是相得益彰。

- **讲解式学习**：讲解式学习指的是通过讲座、讨论或对话来讨论或解释某个主题。例如，如果一个孩子正在学习一种科学方法，讲解式学习可能涉及教师或导师讲解该科学方法的原理以及如何在科学研究中投入使用。讲解式学习虽然不像体验式学习或范例式学习那样让人身临其境，但对于加深对某一学科的理解仍然很有价值，即使涉及的感官较少，也会使孩子受益颇多。尽管如此，讲解式学习可能不如体验式学习或范例式学习那样更有效地促使孩子对主题产生历久弥新的记忆。

只有"阐释轮"的三根辐条都发挥作用，学习才会最有成效。对某个主题的体验越直接，可以看到的例子越多，可以给出的解释越多，年轻的学习者就越能清楚地理解该主题。

让我们来考虑一些具体的实例，从而更细致地了解"阐释轮"。先说说"新加坡数学"吧，这种数学教学方法为我们提供了一个体验主题的绝佳范例。如果你对"新加坡数学"还不熟悉，我就来解释一下吧。早在 20 世纪 80 年代，新加坡教育部就为新加坡公立学校首次开发了"新加坡数学"。[4]在我作为一名教育工作者的职业生涯早期，我在新加坡待了六年，有幸邂逅了新加坡教育界的许多代表人物，并向他们学习，其中一位教育家就是叶万夏（Yeap Ban Har）博士，他编写了许多新加坡数学教科书。我们非常幸运地邀请他成为我们学校的顾问。

新加坡数学采用的是 CPA ⊖（具体化、图像化、抽象化）教学法，数学概念通常在低年级阶段通过简单的物理表象和具体的物体来教授。孩子们可以使用瓦片或积木，还可以通过切实解决数学问题来学习。研究表明，从长远来看，用这种方式学习数学可以培养更强的数学能力，而且，孩子们以后会更擅

⊖ CPA（具体化、图像化、抽象化）是新加坡的一种数学教学方法，帮助孩子们逐步学习数学。首先，他们使用实物和动手材料来理解数学概念。然后，他们看到代表数学思想的图片或图画。最后，他们开始使用数字和符号。这种循序渐进的方法使孩子们更容易掌握和记住数学概念。

长处理具有挑战性和抽象形式的数学问题。

在考虑"阐释轮"中的"范例式学习"辐条时，我的脑海中浮现出了一部对我影响最大的电影，即《辛德勒的名单》（*Schindler's List*）。这部电影让我以一种独特的方式面对大屠杀的痛苦。该电影通过故事的视觉呈现方式所展现出的强大感染力，让我更加感同身受地体会到了受害者的痛苦。从那时起，我开始寻找更多机会去了解这段历史。只要有机会，我就会参观与大屠杀有关的博物馆。我最近参观了德国达豪集中营纪念遗址，在那里，我尽可能地接近集中营的生活场景（范例式学习）。我能够看到、听到并感受到受害者承受的一切。现在，我对他们的经历有了更深的共鸣。

最后，谈到"讲解式学习"，我想我们可以回头去看看本章的开篇故事。讲解到位的关键在于尽量用最具描述性和最直接的语言传递信息。田纳西州的那位朋友在这方面做得非常好，他用生动的故事讲述了自己在野外的冒险经历。他那引人入胜的描述，帮助他的儿子们想象出了站在他的角度与这些动物接触时的情景。

正如我们在本章前面说的，阐明的目标是使主题更清晰，更容易掌握。只要我们能通过提供荡气回肠的体验、扣人心弦的案例和引人入胜的讲解来帮助孩子们学习，他们就更有可能完全理解和掌握摆在他们面前的任何课题。

行动计划

- ◎ 你是否直接向孩子阐释过学习的价值？他们是否理解上学的重要性？他们是否明白他们通过接受良好的教育将获得什么？如果你觉得这方面还有提升空间，不妨写下一些具体的学习目标，与孩子分享。

- ◎ 在考虑数学和阅读等基础学习科目时，可以概述一些想法，将"阐释轮"的三根辐条（体验式学习、范例式学习和讲解式学习）纳入他们的学习过程。

- ◎ 在考虑如何为孩子"搭建舞台"时，你可以编写一份书面文件，概述家庭的价值观、原则和实践，特别是与教育和学校相关的方面。完成后，你可与孩子分享这份文件。

第三章　反馈

如果你不熟悉"头马演讲会"（Toastmasters），我就来解释一下。这是一个旨在促进交流和公开演讲的教育组织。头马演讲会的学生定期发表演讲，有些是事先准备好的，有些是即兴发表的。任何演讲结束后，都会有一个评价流程。通常，评价者先给出积极或建设性的批评，然后是消极的反馈。所有的反馈都是在团队面前公开传递的。在这个过程的最后，甚至会有人对评价者的工作进行评价。

我在国际演讲方面的经验颇丰。许多年前，我就加入了头马演讲会，希望能提高我的公开演讲能力。演讲结束后，我得到的评价很苛刻。建设性的批评是很难接受的，而且是针对个人的。我感觉自己很失败，坦率地说，我的自尊受到了伤害。几个月后，我参加了另一场国际演讲会。

我没有把这些反馈意见当作是一个提高我的技能、成为一名更好的演讲者的机会，反而失去了学习的机会。我没有将反馈作为自己进步的动力，而是任由反馈击败了自己。

我从头马演讲会中学到了很多东西，其中之一就是良好反馈的价值。另一个观点是，人们需要被教导并练习如何以成熟的态度去接受反馈。对成年人来说，接受别人的批评很难，即使是善意的批评也不行。因此，我们可以预料，孩子们在这方面也很吃力。但是，我们的孩子从我们和其他老师那里得到的反馈对他们的成长和发展至关重要。因此，作为父母，我们必须学会有效地传递我们的反馈，我们需要训练我们的孩子以开放和智慧的态度接受这些反馈。

当我在学校发起一个名为"课题和演讲"的项目时，我运用了这一理解。与头马演讲会类似，老师和同学们会就课题的质量和演讲的表达互相给予反馈。作为该项目的一部分，学生们将接受培训，学习如何给出良好的反馈，以及如何接受和处理反馈。无论是消极反馈还是积极反馈，都值得认真钻研。事实证明，这对我们学校来说是一个非常有益且富有成效的项目。

虽然反馈可以从多个角度进行定义，但就我们的目的而言，我们将讨论家长对孩子的成绩或表现所给予的认可和批评。父母传递反馈的方式与使用的具体措辞同样重要。也许你的出发点是好的，但如果反馈不当，就会有害而无益。提供反馈的方式必须既明确又肯定。这就是为什么"反馈轮"的中心是"建立安全的反馈环境"。父母必须学会以有效的方式传递反馈，既能让孩子成长，又能传达正确的信息。

在家里营造一个温馨、安全的环境来接收和处理反馈是很重要的。尤其是在孩子和父母之间，反馈循环必须是健康的、有建设性的和有规律的。要做到这一点，我们必须防止在愤怒的情况下给予反馈。我们需要保持冷静，控制自己的情绪，这样我们才能引导孩子去讨论问题，让孩子知道反馈是建设性的，而不是伤害性的。请记住，我们都对别人的评价有一种与生俱来的恐惧。我们都希望别人完全接受我们本来的样子！这种天生的欲望会使孩子接受反馈的能力下降。但是，当批评是用爱来表达的时候，接受起来就容易多了。

你要戴上"示范帽"，向年轻的学习者展示如何给予良好的反馈，以及如何接受反馈。为此，你可以敞开心扉，听听自己的反馈方式是否对孩子有帮助。向孩子请教改进反馈方式的方法。孩子的个性和独特的性情将决定哪种反馈方式对他们最有效。你要灵活应变、虚心取教，并愿意在最初的尝试失败后改变自己的风格。

在《纽约时报》（*New York Times*）的一篇文章[1]中，哈佛大学毕业生、沃顿商学院组织心理学家亚当·格兰特博士（Dr. Adam Grant）提出了用名词而不是动词来赞扬他人的理念。为了解释这个理念，让我们先快速复习一下基本语法。名词是用来标识人、地点、物体或概念的标识符。而动词是用来表达动作或状态的词语。就如何给孩子们反馈而言，最好使用名词短语，比如，"你是个大善人""你是个好帮手"。而动词短语只能作为备选词，比如，"你今天行善了""你今天下午帮大忙了"。动词短语的表达效果就比名词短语差了一些。格兰特博士解释了这看似微小的差别为什么会产生如此大的影响。他在文章中表示，用名词短语表扬孩子比用动词短语更有效，"效果高出 22%~29%"。他还补充说："当我们的行为成为我们性格的反映时，我们就会更加倾向于道德和慷慨的选择。久而久之，它就会成为我们的一部分。"

虽然说用名词表扬积极行为更有效，但在给出负面反馈时，通常使用动词更好。使用动词来描述需要改进的具体行为，而不是给孩子贴上负面特征的标签，这样更有助于解决行为问题，而不至于伤害孩子的自尊心。考虑一下这些带有消极色彩的名词和动词之间的差异。如果你的孩子被告知"数学学习能力很差"，这种思想可能会成为他们身份认同的一部分。这些负面情绪很强烈，可能会产生持久的不良影响。但是，如果你的孩子听到"你这次考试没有考好"，这种影响可能只是暂时的。你的孩子不太可能将第二种批评藏在心底并牢记在心。更重要的是，使用动词短语可以更有效地沟通他们需要改变的地方，而不会让孩子觉得他们的行为是他们性格的反映。

让我们把这种思路再推进一步。假设你想让你的孩子成为勤奋的人，但如果你因为他未能达到你的标准，不够勤奋，或者无法匹配你对"勤奋者"的定义而一直贬低他，他很可能只会心灰意冷。相反，你可以把孩子当成一个勤奋的人（就像你想让他成为的样子）来和他交谈，即使他还没有完全变身为勤奋者。使用"你是一个非常努力的人"之类的语言，实际上是在鼓励他把勤奋的态度融入生活。即使你的孩子还没有达到这个境界，你也可以用积极的语言描述他未来的样子，让他想象自己想成为的人是什么样子，并为他指明前进的道路。如果你做到了，孩子就会明确自己的奋斗目标。

斯坦福大学教授卡罗尔·德韦克（Carol Dweck）是全球

公认的人格、社会心理学和发展心理学领域的领军人物，她在《终身成长》（*Mindset*）[2] 一书中讨论了提供有效反馈的另一个关键要素。德韦克博士谈到，表扬学生取得了好成绩，并将这种成功归功于他们的天赋，实际上是一种有害的反馈。同样，告诉孩子他们做得很好，而他们实际上做得并不好，也会让他们退步，给他们一种不切实际的自信感。更有效的做法是关注他们在学习课业中的努力，而不是结果。如果他们取得了好成绩，但并没有为这个好成绩而付出多少努力，那么，你的反馈就应该侧重于他们的努力。目标不仅仅是取得好成绩，而是培养良好的学习习惯。因此，你提供的反馈应该反映出这一目标的重要性。

2020 年的一项研究[3] 探讨了反馈在教育中的作用，发现有价值的反馈对孩子的整体成功和发展至关重要。具体来说，事实证明，反馈对学业成绩和运动技能的发展有着更大的影响力。

研究回顾

◎ 正确的反馈方式可以极大地影响学习成绩，包括学生的成绩、知识的记忆和认知测试成绩。

◎ 用名词短语表扬孩子可以促进孩子形成积极的性格特征，用动词短语进行负面反馈可以防止孩子将失败藏在心底。这种方法鼓励孩子努力追求积极的身份认同

（比如，"我是勤奋的人"），而不将自己的自我价值与偶尔的不完美联系在一起。

◎ 事实证明，反馈也会影响身体表现和运动技能的发展。

有了这些关于反馈的考量因素，我们就能明白为什么"反馈轮"（见图1-5）的三根辐条包括有效反馈的原因（为什么）、方式（怎么做）和内容（做什么）。

反馈

图1-5 反馈轮

- **原因**：首先，你要内化和处理你提供反馈的动机。下次准备给出反馈时，不妨停下来评估一下自己的情绪状态。你说这些话是出于愤怒还是沮丧？你是在生气还是在发泄？如果是这样的话，可以先设法冷静下来，调整情绪，这样才能向你的孩子提供有益且有效的反馈。

- **方式**：考虑一下你提供反馈的方式。你的反馈是消极的（谈论其他孩子的成功），或是在你愤怒时提出的（盛气凌人或贬低孩子），或是轻率的（不设标准或认为孩子不可能做错事），还是积极肯定的？

- **内容**：正如我们之前讨论的，在给孩子们提出反馈时，并非所有词汇和短语都具有同等效力。尽可能多地使用名词短语，关注他们的努力，并指出你希望他们怎么做，即使他们还没有完全做到也无妨。

我们给出的"为什么""怎么做""做什么"至关重要，原因我已经说过很多，这也会极大地影响孩子的自我对话。自我对话是我们与自己交谈的方式，这是我们内心的声音。[4] 这种内在的声音将有意识的想法与内在的信念和偏见结合起来，形成贯穿一整天的内心独白。父母会间接地告知和教导孩子如何进行自我对话。父母的反馈为孩子如何管理自己的内心独白提供了"脚手架"。例如，你可以和你的孩子讨论他的目标。你的反馈可以鼓励他不仅要关注自己现在的状况，还要反思自己已经取得了多大的进步。你要帮助孩子回顾过去，看看他的起点在哪里，想想他已经进步了多少。这种反馈可以激励他到达理想的彼岸。从根本上说，你是在为孩子提供可以转化为积极肯定的自我对话的语言。

同样，如果你的孩子正在朝着一个与财务相关的目标努力，给他很多钱并希望他能弄清楚如何管理这些钱，与帮助他使用适合他年龄的工具学习如何管理他的钱之间，有一条微妙的界限。我们的反馈类似于一种"适合的工具"，可以帮助孩子了解如何处理人生中即将到来的种种磨难。这门科学并不完美，还可能犯错，但通过不断尝试和犯错，家长可以在反馈中建立起良好的"脚手架"。

正如我们在本章中描述的，对于孩子来说，学会接受反馈是至关重要的，这样他们才能成长和发展。这也是他们一生都必须遵守的准则。他们越早学会接受反馈，他们的生活就越美好。本书的合著者阿蒂姆·津琴科博士曾与我分享过他指导一名研究生撰写硕士论文的经历。对于这个阶段的学生来说，自行开发实验是很常见的做法。阿蒂姆编写实验代码，学生进行实际运行操作，然后，他们一起分析实验结果。最后，学生以科学出版物的风格撰写结果。在这个时候，会有其他作者和贡献者参与进来，通常会有大量的编辑工作产生，大家还会就接受或拒绝修改的问题来回交流，而这种互动可能会持续好几个回合。而反馈是这一过程的关键部分。

不过，对于这位学生来说，反馈过程太难接受了。在多轮修改过程中，他感觉自己受到了强烈的侮辱和非人的苛责。由于这位学生无法接受阿蒂姆及其同人的反馈，这个论文项目戛然而止。阿蒂姆费了九牛二虎之力，就整个过程进行了多次讨论，这位学生才愿意回到课堂，继续撰写论文。请记住，这是一位研究生！他已经完成了多年的学业，却从未掌握接受反馈的技能。这几乎让他的学业陷入了全面停滞状态。

我在自己的一项业务中也遇到过类似的挑战。我负责监督一个为商用卡车司机准备《考试和培训手册》的团队。因为有许多作家和编辑参与其中，我必须从一开始就对如何提供和接受反馈设定期望值。对我来说，最重要的是能够向团队传达所需的改进措施，而他们也必须愿意以谦逊的态度应对这些修改意见。在这种情况下，他们很容易产生戒备心理，但如果是这样，编书项目就会受到影响。

不妨再考虑一下其他职业，比如软件开发人员的工作。通常情况下，一个强大而复杂的网站是由一个团队共同协作开发的。在这个职业中，每个发展阶段都需要进行代码审查，即在项目向前推进之前，团队会对每一段代码进行审查。要使这一过程取得成功，团队中的每一位开发人员都需要知道如何给出反馈和回应反馈，而不是过度戒备。如果自尊心作祟，团队的效率就会大打折扣。

在所有这些情况下，有效地给出反馈和接受反馈都至关重要。为了成长为成功且发达的成年人，我们都需要培养这套技能。通过本章介绍的策略，你的家庭将有能力在家中建立一个健康的反馈回路，而你的孩子也将在生活中学会珍视反馈的价值。

行动计划

◎ 在对反馈的重要性有了新的认识之后，花点时间思考一些具体的方法，以便在家中建立一个安全的反馈环境。

◎ 当给你的孩子反馈时，你是倾向于使用名词短语还是动词短语？写下你最近给过孩子的一些反馈。你如何调整你的反馈，以便更多地使用名词短语？

◎ 记住，给孩子一些反馈，让他们知道你希望他们怎么做，这是很有帮助的，即使他们还没有完全做到也无妨。想想你看到孩子经常做的一些事情。列出你的反馈方式，鼓励他们以更积极或更有成效的方式行事。

◎ 我们都在兼顾自己的内心独白。你能否举出一些例子，说明如何在教孩子管理自己的内心独白时更加有意识、更加用心？当你看到孩子苦苦挣扎，可能感觉自己正走向失败时，请指出他已经克服的困难和已经取得的成就，帮助他重新构建他，自我对话。

第二部分
学习的基础
——"学习树"的树干

动机　信念　优化

学习的基础简介

杰西卡·考克斯（Jessica Cox）出生在菲律宾。她的上面已经有一个哥哥了，她的父母很高兴家里又添了一个女儿。但在产房里，当医生宣布他们的新生儿没有手臂时，这位刚生产的母亲悲痛欲绝。毕竟，在杰西卡的母亲成长的时代和文化中，残疾就是悲剧，她担心杰西卡将面临"终身禁锢在家"的悲惨命运。[1]

但在杰西卡出生后的几个月和几年里，她的母亲和家人都想方设法地适应这一事实。事情远非一帆风顺。杰西卡的父母在她14岁时搬到了亚利桑那州图森的新家，那里为残疾人提供了很多机会，她的父母也从中获得了力量和鼓励。她的母亲克服了恐惧，成了杰西卡最坚强的支持者。她尽可能地让杰西卡融入常规环境，包括送杰西卡去传统的公立学校上学[2]。杰西卡的父母希望她相信自己能够克服任何挑战，做任何"健全人"能做的事情，[3]包括游泳和跳舞。她最终与跆拳道结下了不解之缘。跆拳道是她最擅长的一项运动，也是她后来结识未来丈夫的一个契机。

尽管她的父母努力让她的生活变得"正常"，但她还是敏锐地意识到自己的不同。课间休息时，老师和其他孩子经常过度保护她，阻止她爬得太高或尝试新事物。她经常经历一种她称之为"不言而喻的社会误解，即残疾人会遇到更多的困难，因此应该取得更少的成就"[4]的不幸现实，这往往会阻碍残疾人的发展。她每天面对的挑战和别人强加给她的约束，让她感到愤怒和沮丧。

多年来，杰西卡一直在努力适应假肢，每天放学后都要忍受数小时的治疗。她想方设法适应这些笨拙的假肢，但她从未对它们产生依赖之情。作为一个克服困难的勇士，她的内心深处渴望更多。她渴望抛开别人强加在她身上的界限和克服残疾的传统方法。她渴望追求一种只有她自己才能定义的生活方式。她做到这一点的方法之一就是用她的脚来完成大多数人留给手的任务。最值得一提的是，她还会驾驶飞机。

虽然杰西卡从小就害怕坐飞机，但这是她家人经常做的事情，因为她的母亲希望她和她的兄弟姐妹经常回国看看，了解并记住他们的菲律宾血统。尽管她经常乘坐国际航班，但失去与地面联系的想法从未让她感到轻松。但在获得心理学学士学位后的那个夏天，她受邀在亚利桑那州图森市的一个扶轮社发表演讲。演讲结束时，一位退役的美国空军战斗机飞行员表示愿意带她乘坐莱特飞行公司的飞机，该公司是一家非营利性机构，利用航空技术激励学生为自己设定并实现更高的目标。她非常害怕这个机会，但也不想拒绝这个邀请。

在踏上那趟航班之前，杰西卡受邀在撒玛利亚国际飞行年会上发表演讲。他们想让一名飞行员载她去墨西哥瓜伊马斯参加活动，瓜伊马斯距离她在图森的家有两个小时的路程。在图森，她一直在为莱特航空公司的短途飞行做准备，现在她又面临一次额外的旅行，即乘坐一架小型飞机的国际航班。但这次演讲机会的意义重大。这是她第一次受到国际邀请，她不得不将自己的故事传播给新的观众。她开始意识到，她基于自己克服许多挑战的经验而说出的鼓励话语，对她所接触到的人，特别是那些正面临自身残疾的人来说，是希望的源泉。杰西卡决定直面自己对飞行的恐惧，两次航班她都答应了下来。杰西卡分享了以下故事：

这一天终于来了，我爬上了后座。起飞前，我一直屏住呼吸。我用祈祷来抑制自己的焦虑。我紧张得快不行了，我觉得自己简直都要吓得魂飞魄散了。

然后，当我们起飞时，我意识到我们已经到了无法回头的地步，这在某种程度上却让我松了一口气。当飞机完成爬升时，我记得我感觉这并不像我想象的那么严重。我终于可以呼吸了，我们顺利地完成了飞往墨西哥的旅程。

回程时，飞行员让我坐在右前座。他问我是否想试着把脚放在操纵杆上。当我把脚放在操纵杆上，他松开手时，我有一种驾驶飞机的感觉。只有我一个人在操控飞机！

那一刻改变了一切。

那一刻给了我力量，这可能是我人生中第二个最有力量的时刻。

她的生命中第一个最有力量的时刻是什么呢？那就是她第一次独自飞行的时刻。当杰西卡意识到她不仅可以毫无畏惧地乘坐飞机，还可以成为一名飞行员时，她的成功意志就变得势不可挡了。杰西卡现在拥有航空史上第一位也是唯一一位持证无臂飞行员的崇高头衔（见图2-1）。她经过了30个小时的训练和3个小时的口试，才获得了单飞的资格。就像她的一生一样，学习用脚驾驶飞机并不容易。但飞行让她看到了一个充满可能性的全新世界。当杰西卡知道这个世界触手可及的时候，她就会义无反顾，永不回头。

图2-1　杰西卡·考克斯，第一位无臂飞行员

杰西卡分享说:"经过三年的艰苦奋斗,(她)成为一名合格的飞行员,赢得了第一位用脚驾驶飞机的女性的称号。"今天,杰西卡周游世界,用她鼓舞人心的演讲激励世人打破他们感知到的局限。她意识到父母的支持对她的成功有多么重要,于是她创办了自己的非营利组织,为有肢体差异的儿童和成人提供指导,尤其是那些可能无法从他人那里获得足够支持的人。

杰西卡的故事是本书第二部分"学习的基础"将要讨论的一个经典范例。为了进一步加深我们对"学习树"的理解,接下来的三章将重点关注学习树的树干和组成树干的三大支柱,即动机、信念和优化。三者各具特色且十分重要,但又相互关联。它们共同为学习者提供了一个基础,学习者可以在此基础上学习并激活本书后面讨论的学习策略。

动机、信念和优化是我们作为父母需要在我们的学习者身上培养的关键特质。这些特质也在杰西卡的故事中明显发挥了作用。

- 动机是驱使某人行动的动力。杰西卡拥有努力工作的动力。她在别人给她设定的界限中感受到了自己残疾的局限性,但她的热情无法被浇灭。她知道她能做的比别人想象的要多。

- 我们要考虑的信念是学习者对知识的看法。比如,他们认为,知识是简单且平凡的,还是细致入微的?知识是固定不变的,还是可以通过推理获得的?杰西卡对学习的信念是后者。她拒绝让自己的局限性、对飞行的恐惧或残疾的身体阻碍她实现成为一名飞行员的梦想。她心甘情愿地接受了获得认证所需的大量培训。

- 优化是指学习者能够绕过低层次思维，提高效率，从而学得更多、更快。杰西卡通过脚的使用找到了优化学习的方法。对于没有手臂的人来说，传统的智慧让她多年来一直在尝试使用假肢。但只有杰西卡能想到更好的办法。她通过学习用腿、脚代替手臂和手，使自己能做的事情比其他人想象的多得多。

到目前为止，本书主要侧重于父母的作用。这还没有结束，因为我们必须学会如何鼓励学习者的自然动机，支持他们获取知识的信念，培养明智的学习姿态，并激活他们通过这一切进行优化的能力。接下来，我们将开始讨论孩子的作用，父母和孩子都要发挥重要的作用。你的孩子必须掌握自己学习的主动权，而作为父母，我们必须给他们主动学习的空间。如果我们经常碍手碍脚、颐指气使，我们的孩子就没有机会尽自己的那份力。

作为父母，我们需要引导我们的孩子走向智慧学习之门。然后，我们必须靠边站，让他们挺身而出，找到内心的主动性，然后坚持下去。在这个过程中，对我们来说，营造一个允许犯错的安全环境也很重要。不可避免的是，当我们的孩子承担更多的责任时，他们有时难免会失败。但是，如果我们能迅速地把他们扶起来，鼓励他们一次又一次地尝试，我们就能让他们明白，做得不完美也没关系。如果他们生活在害怕让我们失望的恐惧中，他们就不会有勇气去尝试新事物。重要的是，让他们有安全感，在家里、在相亲相爱的家人之间经历这一过程，这样，他们在独自一人的时候就能更好地进行实验和承担预期的风险。

行动计划

◎ 当我们转而讨论孩子的学习时，你是否会犹豫不决？你是否经常为孩子做事情，而不是给他一点空间去承担责任？考虑一些鼓励孩子独立的小方法，让他安全地尝试失败（有时会失败）。

◎ 杰西卡克服困难的励志故事为智慧学习提供了有益的借鉴。花点时间反思一下杰西卡的故事与你的孩子作为学习者的成长之间的联系。

第四章 动机

　　为了开启我们关于动机的讨论，我想重点谈谈我最喜欢的一位球星的故事。我指的是扬尼斯·阿德托昆博他是密尔沃基雄鹿队的一名职业运动员，[1] 在体育界产生了重大影响。

　　扬尼斯出生于尼日利亚移民家庭，但在希腊雅典长大。作为没有希腊官方公民身份的外国人，扬尼斯和他的家人面临着许多移民熟悉的困境。他们被打上了外来者的烙印，经常遭到希腊社会的排斥。扬尼斯和他的兄弟们在熙熙攘攘的城市街道上兜售箱包和太阳镜以贴补家用。他们饱受房东驱逐之苦，经常吃不上饭。

　　虽然扬尼斯的童年过得很艰难，但他的童年也充满了爱和欢乐，以及血浓于水的骨肉亲情。他看到了父母无私、善良和勤奋的品质。他从小就对他们怀有深深的敬意，并渴望成为他们那样的人。此外，《希腊怪物扬尼斯：永不放弃的 MVP》（*Giannis:The Improbable Rise of an NBA MVP*）[2] 一书的作者米琳·费德（Mirin Fader）分享道："扬尼斯的兄弟们也是他最好的朋友和战友。"她接着补充说："当你们分享一切的时候，就没有什么好争吵的了。"

扬尼斯的父母认为体育是儿子们的出路。他们很早就参与了全国流行的足球运动。但扬尼斯的身材和体能吸引了当地一位篮球教练的注意，这位教练鼓励他在少年时代放弃足球，转向篮球。与其他球员相比，扬尼斯起步较晚。13 岁时，他出现在篮球场上，甚至不知道如何运球或上篮。但他身上的某些特质甚至在当时就打动了他的队友们。他当时的队长克里斯托弗罗斯·克拉迪斯（Christoforos Kelaidis）说："他非常好胜。他不想输球。他做得不多，但精神抖擞。"[3]

扬尼斯经常待在健身房里，坚持训练到将近午夜。他选择睡在举重室的垫子上，而不是摸黑回家。[3] 他有动机也有动力成为最好的球员，并找到克服困难的方法。他想赢。他梦想有一天能成为 NBA 球员，尽管这看起来有些牵强。

随着时间的推移，他的工作态度和他让自己有所成就的决心（再加上他的身高和天生的运动天赋带来的好运）开始得到回报。到 16 岁时，尽管他仍在希腊的二级业余联赛中打球，但已确立了自己作为该国顶级球员的地位。很快，他的表现吸引了欧洲乃至美国球探的注意。三年后，年仅 19 岁的他便在 2013 年 NBA 首轮选秀中胜出。虽然他的经验严重不足，密尔沃基雄鹿队还是把赌注押在了他的身上，寄希望于他的身高、速度和明显的身体潜力。扬尼斯一到密尔沃基就接受了专业教练的指导。他愿意投入大量时间、不断挑战自己、努力工作的态度再次显现出来。扬尼斯学会了举重，并将自己的身体塑造成了职业运动员的样子。他不停地练习，不受自己作为百万富翁的新身份的干扰。他保持着谦逊的态度，并致力于自己的体育事业。

密尔沃基雄鹿队对扬尼斯的冒险投资得到了回报。他们不仅招募了一名有潜力的球员，还得到了一个对胜利充满动力的人。在第三个赛季中，扬尼斯的场均得分达到了 16.9 分，真是令人印象深刻。此外，在他为雄鹿队效力的最初五个赛季中，雄鹿队三次打进季后赛。2020 年 12 月，他签下了 NBA 历史上最赚钱的合同，为期五年，薪资 2.282 亿美元。

扬尼斯的童年经历（他的家庭非常贫困，以至于他经常不得不和兄弟们共用一双鞋）、他在孩提时代遭受种族主义激进分子的攻击，以及他的家人经常受到遣返回尼日利亚的威胁，都是他作为"克服困难的勇士"故事的一部分。他给其他面临悲惨童年的年轻移民带来了希望和鼓舞。扬尼斯的梦想是成为 NBA 球星，成为世界上最好的球员，这促使他更加努力地工作，不断地挑战自己。他的动力是让他与众不同的火花。少年时代就有的动力，至今仍在驱动着他一路前行。

扬尼斯因其在球场上对自身和队友的高标准表现而备受赞誉。然而，他也因其对成为球队门面人物不感兴趣的态度而备受关注。当许多球员迷恋于职业运动员的名利、浮华和魅力时，扬尼斯却始终保持着年轻时脚踏实地的情怀。

"在我的成长过程中，我的家庭和我的生活是多么艰难，我将始终保持谦逊。我必须继续努力工作，努力让我的球队变得更好。"扬尼斯分享道，"我不喜欢像洛杉矶或迈阿密这样的浮华城市。我不知道，如果我在这些城市打球，我是否还能成为同样出色的球员。"

正如我们之前定义的那样，动机是推动一个人以某种方式行动的动力，也就是关于"为什么"的问题。健康的饮食习惯可能是出于想要活得更久或保持体重的愿望。定期参加教堂活动是因为对精神成长的兴趣。对扬尼斯来说，他的动机一直是成为最好的球员，并尽其所能改善家人的生活状况。他的四个兄弟中有三个现在也在 NBA 打球。他经常参与提升希腊篮球运动水平的项目，是的，他希望为他效力多年的"老东家"球队（雄鹿队）赢得比赛。但成名的诱惑似乎并没有像其他球员那样吸引他。他的动机始终根植于一直以来激励他的那些原则。

学生的学习动机最初来自他们的父母和老师。孩子们会通过他们看到的榜样的行为来内化为什么他们应该以某种方式行事。父母要阐明某些学习活动比其他的学习活动更重要的原因，然后提供反馈，让孩子在学习动机减退时继续前进。最终，要想动机持久，父母就需要将该动机转移给孩子并让孩子将其内化。杰西卡·考克斯从父母那里汲取力量，她的父母是最先看出她能做任何"健全人"能做的事情的人，于是他们让她进入传统学校、舞蹈班和跆拳道训练班。扬尼斯看到了父母对家庭的奉献和他们的牺牲与辛勤工作。这些都是他日后钦佩和效仿的品质。父母可以帮助学习者找到自己的激情，发掘能激发他们活力的东西。父母可以树立正确的行为榜样，让孩子效仿。如果孩子想凭借自己的能力成为成功的学习者，这些学习动机最终会成为他们自己的内在动力。

学习动机有两种重要类型：内在动机（或内在激励）和外

在动机（或外在激励）。在下一节中，我们将讨论这两种动机的区别，并探讨它们是否都能带来积极的学习效果。

内在动机和外在动机

学生出于个人兴趣而学习，而不是被迫学习时，就会产生内在动机。他们出于纯粹的兴趣和个人灵感而接触一门新的学科。没有外部的奖励，只有内心的满足感。他们基于自己的主动性想要学习和发现新事物。

内在学习动机强的学生可能会在学习中做出以下反应：

- "我喜欢那些能真正挑战我的课程，这样我就能学到新东西。"
- "我喜欢上那些能激发我好奇心的课程，因为这样我就能发现很多东西。"
- "在这门课上，有机会的话，我会选择一些对学习有帮助的任务，即使这些任务不一定能拿到好成绩。"

上述所有论述都强调了"为什么"参与班级活动这一要素。由于学习者对获取知识的内在动力和兴趣，他们会更多地参与学习活动。研究人员扎孔（Zaccone）和佩德里尼（Pedrini）进行的一项研究发现，一个学生的内在动机水平与他的学习效果及课程成绩的提高相对应。当学生对一门学科有了更好的理解时，他们也会获得更多的内在动力。[4] 换句话说，随着学习者知识的增长，他们学习更多知识的内在动机也会增加。学生的参与行为背后的动机对他们的学习成绩起着至关重要的作用。

如果学习者能够发现自己天生感兴趣的学习领域，而家长又为他们提供了追求这些好奇心的空间，他们就会有更大的动力去尽其所能地学习相关知识。关键是家长要了解学习者的动力所在。父母要不断地鼓励孩子更多地了解自己感兴趣的事物，必要时，寻找方法将缺乏吸引力的学习领域与他们有兴趣研究的主题或科目联系起来。

例如，以家务为例。父母通常会通过外部奖励（金钱、零食或特别的外出活动）来鼓励孩子做家务。这些激励因素可以帮助激发孩子的兴趣，但最终目标是让孩子把做家务变成一种习惯，几乎成为他们的第二天性，孩子甚至可以在没有人提醒的情况下主动去做家务（至少不会抱怨）。听起来像在做梦吧？也许不是，只要用对了策略。

找出他们似乎喜欢做的家务或他们引以为豪的家务劳动。当你授权给他们去管理清洁剂瓶子和擦窗户时，他们会觉得自己长大了吗？当他们洗碗时弄湿了自己，他们会觉得这是件趣事吗？现在是盘子和叉子的"洗澡时间"了！他们可能喜欢和父母一起完成家务。在父母和孩子一起劳动的时候，这就是他们享受"一对一"的特殊时光。在一开始父母可以提供奖励，但如果父母这样做了，就要设定一个预期，即奖励并不总是会有。这里的沟通很重要。父母可以提醒孩子，他们在帮助家里的各项事务更加顺利地进行。最终，他们知道自己做出了积极的贡献，这也成了一种奖励，同时他们还能从自己觉得（至少相对）有趣的工作中找到乐趣。

内在动机有四个主要考量因素：

（1）孩子渴望学习新事物的愿望。

（2）孩子对某一特定学科的天然兴趣。

（3）孩子在学习上的自主性。

（4）可以确定的任务价值。

孩子天生就充满了好奇。他们探索周围世界的动力是他们学习爬行、走路和说话的方式。在最初的日子里，他们的学习方式就是触摸几乎所有的东西，并把大部分东西放进嘴里。他们把桌子拉起来，打开每个抽屉，一旦有机会，就叽叽喳喳地叫个不停。大多数情况下，他们会问为什么事情会是现在的这个样子。这种对周围世界与生俱来的兴趣会在他们到达上学年龄后继续存在。作为父母和教育工作者，我们的工作是满足他们天生的学习欲望，帮助他们将已有的兴趣与尚未发现的新学科联系起来。

也许他们喜欢成为众人瞩目的焦点，喜欢打扮自己，喜欢表演自己的故事。他们或许真的是在开拓戏剧般的未来。如果他们似乎对自己发现的每一种球都很感兴趣，会怎样呢？他们抛球、踢球、争抢着去接住所有与他们擦肩而过的球。他们可能会在球场上度过一生。父母可以关注孩子的这些自然兴趣，然后想方设法地将它们与孩子可能不太感兴趣的其他领域联系起来。在阅读时，父母可以找一些能激发孩子对虚构和幻想的故事热爱的书籍，或者找一些关于成功球员的故事。在学习

"加法和减法"的数学概念时，利用他们已经接触过的一些物品，创造性地引入相关的计算方法。

小时候，妈妈给我报了美术班（素描班）和钢琴班。这两门课我都学得不好。尽管指导我的老师很棒，还定期提醒我练习，但我的父母从未看到我有多大的进步。为什么呢？我没有内在动力去发展这两个领域的技能。这两个学习机会都无法吸引我。

将天生的兴趣与新的学习挑战相结合，可以为孩子提供搭建内在联系所需的"脚手架"，从而让他们对新的学习活动产生兴趣。在我学习美术和钢琴的时候，我还热衷于观看日本动画片《超电磁侠波鲁吉斯 V 》(Voltes V)，这部动画片讲述了机器人以及英雄如何对抗恶棍的故事。如果让我画出机器人的形象，或者弹奏动画片的主题曲，那可能是一个更有趣的学习经历。事后看来，基于我现在作为教育工作者的经验，我认为这些努力是值得的。我可能还是会继续追求终身的艺术事业，也可能不会。但无论如何，这些尝试无疑会加深和拓展我对艺术和音乐领域的实践和技能发展的内在兴趣。

这种思维方式几乎适用于任何学习领域，将天生的兴趣与新的学习挑战相结合是打开学习之门的一种方法，而且随着时间的推移，孩子天生的学习动机往往会逐渐占据上风。当我们更好地了解孩子的技能和强项以及兴趣和愿望时，我们就能更好地使用正确的动机来鼓励他们学习。如果你的儿子喜欢漫画书和战争故事，你可以为他们寻找一些适龄的、以历史为主题的图画小说作为阅读练习素材。如果你的女儿喜欢动物和艺术，你可以激发她对大自然的兴趣，鼓励她常常随身携带素描本去小径散步，这样，她就可以画下或描绘出她遇到的野生动物，从而培养她的艺术技能，一路上的风景也可以加深她对大自然的印象。

内在动机的第三个关键因素就是自主性。当孩子们觉得他们对自己的学习方式有发言权时，他们就会对自己的选择有更多的自主权。自主性会促使孩子考虑选择的后果和利弊得失，从而让他们学会如何做出正确的选择。当他们做出做某件事情的选择时，他们就会有更多的内在动力去坚持这个决定。

对于父母来说，知道什么时候该介入，什么时候该退后一步，让孩子自己解决问题、自己做选择、自己犯错误，是一件很棘手的事情。不过，走向自主可以从小事做起。允许他们选择当天想穿的衣服。尽可能给他们选择权。"你想喝牛奶还是水？"父母可以通过一些无伤大雅的小方法，让孩子觉得自己对正在发生的事情有发言权。这将帮助他们塑造在未来做出明智决定所需的"心智肌肉"。

作为父母，我们要随时帮助学习者努力克服不确定因素，权衡各种机会，并应对决策失误时所面临的挑战。这是一个平衡的过程，既要提供足够的指导以激发他们的兴趣，又要在他们需要时提供适度的支持。归根结底，内在动机的"花朵"是无法在父母过多的干预下尽情绽放的。孩子们需要空间让内在动机的种子生根发芽。

最后，家长可以通过强调任务价值来提高孩子的学习动机。所谓任务价值，是指孩子在学习背景下对所学科目的有用性的认识。这是他们对正在做的努力将如何使自己受益或他们完成一项活动将获得什么好处的理解。这是他们对任务价值的心理衡量标准。[5] 任务价值还将包括对学习成本的核算，即对孩子学习一门学科或完成一项任务所需的时间、精力或心理耐力的评估。

对学习者来说，重要的是要重视他们正在做的事情。提升任务价值可以使学习变得不那么抽象。它能让学习者理解他们正在学习的内容的意义，并体会到他们学习新课程的原因。任务价值是培养学习者内在动机的重要支柱。

大量研究证实，任务价值可以提高学习成绩。[6] 当孩子们理解，甚至更好地领会他们学习的任务价值时，他们的内在动机就会更强大。这就触发了一个积极的自我强化循环。你的内在动机越强，学习成绩就越好，这反过来也会增强你的自信心。学生在某些科目或课程中发现的困难越多，就越迫切需要理解和领会其任务价值。[7]

关于任务价值的另一个有趣的考量因素是，在不同的学习环境下学习有何不同呢？例如，在线学习与面对面学习。与面对面学习相比，在线学习需要更多的自律、时间管理和投入，因为在线学习没有老师在场来管理学生的行为。因此，自律是在线学习成果的重要组成部分，这是可以理解的。[8] 如前所述，当学习者对任务价值有更深层次的理解和领悟时，他们的内在动机可能会变得更强，这刚好有助于培养他们的自律能力。

我的一个学生参加了我校的"生活技能训练营"，他让我深刻体会到了任务价值的重要性。这个新兵训练营教给学生实用技能，比如，如何更换汽车轮胎。这位学生发现，这些课程在日后的生活中特别有用。有一次，他的一个朋友的车胎爆了。他记起了老师教给他的知识，帮朋友换了轮胎，挽救了局面。他后来告诉我，在学习这项技能的那一刻，他并没有意识到它的价值，但当这项技能后来派上用场时，他肯定看到了它的价值。他的故事如今已被分享给了新兵训练营里的学生，从而让他们更好地理解所学知识的价值，并激发他们的专注力！

最后需要强调的是，任务价值是一生都需要的东西，即使在正规教育结束后也是如此。当我的女儿大学毕业时，她以为紧张学习和应试的日子已经过去了。从某种意义上说，她的学习任务价值处于低谷。她认为，既然已经拿到了学位，就没有必要再继续深造了！但这一切很快就改变了。因为毕业后不久，她想申请一份商业分析师的职位。这是一个与她所学专业不同的领域，也是一个她没有经验的领域。经过最初的几轮面试，她与这份工作失之交臂，但她对学习的看法开始发生转变。她逐渐认识到，虽然她的正式求学生涯已经结束，但学习是一项终身"运动"。如果她想在某个领域找到一份工作，她就必须更好地了解该领域某个职位的岗位职责。她必须重新找回学习的任务价值。

在自身内在动机的驱使下，在充分认识到任务价值的情况下，她选修了更多的商业分析课程，以便日后更好地胜任这一职位。终身学习的想法可能不会自然而然地产生。但是，只要有正确的动机和对学习活动价值的认识，对于任何儿童、青少年甚至成年学生来说，终身学习都可以成为现实！

研究回顾一

◎ 任务价值越高，学习的内容越丰富，学习成绩就越好。

◎ 任务价值与自我效能感（即学习者对自己完成特定目标所需能力的信心）之间存在正相关关系。

◎ 任务价值对面对面学习和在线学习都有好处。

让我们花一点时间回顾一下何塞·黎刹（José Rizal）医生的一生，因为他的故事很好地证明了内在动机的价值。在我的祖国菲律宾，黎刹是一位民族英雄，也是一位才华横溢的作家，还是菲律宾改革运动的主要代言人[9]。在他的有生之年，菲律宾人饱受西班牙统治的压迫。黎刹是一位多产的作家、天赋异禀的艺术家、积极的政治活动家，还精通22种语言和方言。

在这么多值得追求的事业中，黎刹医生还获得了眼科学位，这是出于他对因白内障而失明的母亲的爱。母亲是他的第一位老师，她很早就发现了他敏锐的头脑。亚洲角膜基金会理事玛·多明戈·B.帕迪利亚（Ma.Dominga B.Padilla）教授说："他苦难的祖国（菲律宾）处于外国势力的虐待和压迫之下，他希望通过他的文字作品让他的同胞和西班牙当局睁开眼睛。他渴望让他失明的母亲重见光明，正如他渴望让他'失明'的同胞重见光明一样。两者的'眼睛'他都想治愈。"[10]

除了大学学业，黎刹医生还在巴黎接受了个性化培训，师从著名的眼部整形外科医生路易斯·德·韦克（Louis de Wecker）博士，此外，他还在海德堡接受了奥托·贝克尔

（Otto Becker）博士的培训。留学归国后，他开了一家眼科诊所，成功地给母亲的左眼做了手术，恢复了她的视力。

大家都说，黎刹医生被军方不公正地逮捕，并被安上"煽动叛乱"的罪名。1896 年，他被行刑队公开处决。他的殉难激励了许多菲律宾同胞争取脱离西班牙并独立。在我的成长过程中，黎刹医生的历史故事一直激励着我。他为推动菲律宾的独立做出了巨大的贡献，但最能引起我共鸣的还是他在医学方面的追求。面对如此多的兴趣领域，他必须保持极大的用心、勤奋和决心，才能成为一名医生。他的动机源于对母亲的深厚而持久的爱。他对自己所从事的工作的价值有着清晰而果断的认识。在这种坚定信念的推动下，他就能够完成巨大的事业。

打起精神来吧，要知道，只要有正确的激励，你家的学习者也能实现远大的目标。只要你以正确的方式鼓励和激励你的孩子们，你的努力就不会白费。当他们被一种追求梦想的内在驱动力吸引时，他们就能够成就伟大的事业。

下面谈一谈外在动机，这与我们刚才讨论的内在动机不同。外在动机是由外部奖励驱动的，用来鼓励某种行为或行动。这些奖励可能包括取得好成绩或获得应得报酬的愿望。这可能是孩子害怕失败或让父母失望的结果。当学生的外在动机高时，参与学习活动的行为将被视为达到目的的一种手段。

外在动机强的学生在学习中可能会有以下反应：

- "对我来说，现在最有成就感的事情就是在这门课上拿个满分。"

- "对我来说，现在最重要的是提高我的总成绩，因此在这门课上取得满分是我最关心的事情。"
- "希望在这门课上取得好成绩，因为我想向我的家人、朋友和亲戚证明我的能力。"

这种形式的激励，即外部的鼓励来源（见图 2-2），比如好成绩、奖励和竞争意识，往往是家长和教育工作者首先倾向于采用的激励机制，因为他们觉得这是最容易实施。但从长远来看，不恰当使用或过度滥用外在激励会对学习造成损害。因此，外在激励应尽量少用，而内在动机需要加强。

图 2-2　接受外部奖励的孩子

许多研究都致力于学习的动机，以便揭示哪种激励方法最有效。研究人员一次又一次地发现，外在动机要么对学习没有影响，要么有时甚至会产生负面影响。相比之下，内在动机总是与高分联系在一起。[11] 我们的绝大多数研究和经验都表明，内在动机的价值在这两种选择中更强。霍华德及其同事 [12] 在 2021 年进行的一项研究甚至表明，内在动机可以使学生产生整体幸福感，而外在动机则会降低学生的幸福感。他们得出的结论是，内在动机是学生在学校保证学业成功和提升总体学习成绩的关键因素。

　　尽管如此，一些关于外在动机的研究表明，外部的激励有助于鼓励学生上课出勤、[13] 吃蔬菜、[14] 运动成绩 [15, 16] 和在线学习 [17] 的某些方面。换句话说，在适当的情况下适当地给予外部激励，这有助于推动学习者实现目标、提高成绩或学习特定的任务。[18]

研究回顾二

◎ 当你的孩子追求学习活动或任务的乐趣，追求理解新事物的内心喜悦时，他们会更有动力去完成使命，即使面临挑战，他们也更有可能理解任务或成功完成任务。

◎ 内在动机是学生在学校保持长期的、稳定的、成功的学业和提升总体学习成绩的关键因素。

◎ 相比之下，外部的激励会对孩子的学习成绩产生负面影响。你最好有节制地给予外部的激励，或者将其作为一种短期解决方案，直到更加持久的内在动机占据上风。

根据我的教育管理经验，只有在灌输内在动机的背景下，或者在手头的任务不需要长期学习知识或技能的情况下，才应该给予外部的激励。如果在特定情况下给予外部激励，并可能采用前面提到的某些方式，如鼓励学生上课出勤或提高运动成绩，这种形式的激励会产生积极但暂时的影响。但是，内在动机能帮助学生获得更有活力、更持久的学习体验，尤其是，当他们在体育、艺术或学术方面也花时间进行练习，将其作为技能发展的一部分时。我还注意到，当学生（不是因为老师或家长，而是自己）有意识地、经常性地主动使用象征性的奖励（比如，吃自己喜欢的晚餐或利用一些空闲时间）从外部激励自己达到特定目标时，这些学生往往会自然而然地形成实现目标的内在动机。关键在于，是他们自己的主观能动性驱动着他们。当这些学生有意识地认识到这些外部激励因素不仅是他们实现目标的垫脚石，而且还能激发他们的内在动机时，情况就会更加如此。这可能也是由于他们练习了我们将在后续章节中讨论的一个重要学习支柱，即元认知管理。

这让我想起了我在日本实习的经历，当时我刚从大学毕业，手头拮据。为了省钱，我每天都从城市里随处可见的自动售货机上购买食物。起初，我并不觉得经常吃那些馅料丰富但缺乏营养的方便面有什么坏处。但吃了一两个星期后，我就生病了。面条里没有足够的营养！方便面是速食食品，但不是每天都应该吃的东西。同样，外在动机往往看起来像是行为问题的快速解决方案，而且在一段时间内，这种形式的激励可能会带来一些好的结果。但这种激励方式不太可能像内在动机那样产生长期的积极影响。

作为父母，我们应该注意并有选择地给予外部激励，认识到它的局限性，少用为妙。这不仅是一种不能持久的激励方式，而且也不利于培养更有效的内在动机。请始终牢记，最好将外在动机作为一种哺育内在动机的方式。

行动计划

◎ 在过去，外在动机是否你常用的激励方式？根据本章的反馈，列出你可以转而使用"内在动机"的方法。

◎ 你对孩子天生的兴趣有着清晰的了解吗？花点时间写下一些浮现在脑海中的想法。你如何将他们的学习欲望和他们的天生兴趣与其他学习目标（如数学和阅读）联系起来呢？

◎ 在你的一生中，有哪些事情是你受到内在动机的激励而去做的？根据你内在学习动机的相关经验，给你的孩子讲一个鼓舞人心的故事。

第五章　信念

一组研究人员对大学生的智力和道德发展进行了研究，结果发现，随着学生们在大学期间的不断成长，他们对学习和知识的信念发生了变化。[1] 研究还发现，随着学生信念的改变，学习效果也得到了提升。这项研究表明，学生对学习和知识的特定信念保持的时间越长，他们的学业成绩就越低。

孩子们关于学习和知识的信念可能会影响他们的学习方式和学习效果。[2] 超级聪明的学习者需要对自己的信念有自我意识，以便迅速启动优化他们学习之旅的过程。在接下来的小节中，我们将详细讨论五个基本信念：多元化、标准化、流动性、关联性和控制性。

学习和知识的五个基本信念

1. 多元化

多元化让你认识到知识可以有不同的来源。

有些学习者听了老师的话或读了课本上的内容，就会立即把所有知识都视为真理。此外，有些学生会认识到，在决定是否接受或修改所学知识之前，可以通过做研究和考虑其他可靠来源（或观点）来强化、更好地理解或反驳这些知识。这种对待学习的态度更为成熟和可取，是一种更智慧的学习方式。某些学生追求对某一学科的更深入理解，并渴望听取不止一位权威人士的意见，因此，比起那些对单个教师或教科书传授的第一版信息照单全收的学生，他们对该学科拥有更坚定的信念和更透彻的理解。

对于家长来说，培养和塑造孩子这种品质可能是一项具有挑战性的任务，因为它需要进行微妙的平衡。一方面，当孩子还在蹒跚学步时，父母要求孩子接受他们的教导和权威，这是可以理解的。这些教导可能包括不要玩火或触摸电源插座，以及要尊重他人。大多数家长都希望自己的孩子能够把这些指示当作那个时期的绝对权威来接受。然而，随着孩子们年龄的增长和思维能力的提高，他们自然会提出质疑，甚至直接拒绝服从指令。在孩子成长的过程中，许多家长都难以用绝对的语气向孩子发号施令，还会遇到各种程度的抵制，无论是公开拒绝还是隐晦抗议。

即使是在具有挑战性的情况下，家长也必须为孩子创造一个安全的提问空间。为孩子留出讨论的空间，可以增强孩子批判性思考和独立思考的能力。随着孩子们的成长，他们需要有能力推理所学知识的来龙去脉。随着这些学科变得越来越复杂，它们也会变得越来越微妙，需要考虑的角度往往不止一个。

如果家庭不接受讨论和批判性思维，也可能会影响到孩子的课堂体验。老师的教导可能会立即被接受，延伸开来，教科书上的内容也会被直接接受。此外，当孩子在知识获取上倾向于依赖绝对权威时，他们采用的学习策略（例如死记硬背）往往也会比较肤浅。[2]

想想看，人们对历史的看法如何因一篇文章的作者或一本书的出版地（美国、日本或俄罗斯）而发生改变。作者写作时所处的环境无疑会影响他们选择的语言和表达的观点。如果教科书中充斥着错误的信息，而该书又被视为权威版本，那么，下一代学习者就会把教科书中的内容视为真理。相反，如果家庭和学校营造了一个鼓励孩子们提问的环境，那么，孩子们就会安心地参与讨论，不会局限于别人告诉他们的内容。这为营造更积极开放的学习环境奠定了基础，在这里，批判性思维不仅得到了允许，而且受到了鼓励。当孩子们相信自己是学习过程的一部分，自己有选择权，自己的声音很重要时，他们就会在决策中体验到自主性，从而更有动力去抓住学习的机会。

许多家长（以及教育工作者）担心允许这样的开放式讨论可能会让他们的孩子接受错误的观点。这种焦虑是可以理解的，但在人类可以通过互联网轻松获取信息的时代，培训孩子们如何使用适当的方式来研究、讨论和权衡现有的各种观点就变得更加重要了。

我在大学里第一次接触到教导我对所学知识进行质疑和批判性思考的教育工作者。尽管那是一所非宗教大学，但正是在那里，我学会了更深刻地理解和领悟我的信仰以及我早年接受的其他真理和价值观。在那段时间里，我对自己的信仰进行了思考并提出了质疑，但这并没有让我放弃自己的信仰。相反，它让我坚定了自己的信仰，更重要的是，让它成为我自己的信仰。

只有当学习者开始独立思考和处理问题时，他们才能更好地学习。家长们应该记住，我们并不总是必须拥有最终决定权。诚然，在很多情况下，年幼的学习者对父母和老师传授的知识深信不疑，这是至关重要的。但是，随着年龄的增长和学习内容的复杂化，学习者具备处理更复杂事情的思维能力，并理解所学内容背后的逻辑，这也是至关重要的。最终，他们应该能够根据可靠的证据和可信的来源辨别出真假信息。灌输这种批判性思维的开放心态，是父母必须在家中进行的示范和教育，这贯穿于孩子的整个成长过程。

2. 标准化

标准化让你认识到，在使用基于推理和实验等的标准的情况下，知识的整理工作会进行得更顺利。有这种信念的学生更有可能获得内在而非外在的学习动机，并使用更有意义的学习策略。他们的关注点不在于证明自己能够记住和复述老师或教科书传授的知识。相反，那些重视深入探究某个学科，以便全面理解某种思维方式的合理性的学生，更有可能在学业上取得优异成绩。最终，这些学生将能更熟练地将事实与观点区分开来，并从大量信息中筛选出某个课题的真相。他们还可以对所学知识进行分类，判断其是否可信，是否需要进一步调查。

值得注意的是，他们未必比其他没有经历基于证据进行深入思考过程的学生取得更高的成绩。但是，理解和应用标准的价值为掌握概念和学科知识奠定了更深厚的基础。

我的合著者阿蒂姆回忆起他在研究生院的一门课程中是如何纠结于这个概念的。在这门课上，他的导师会提供一份研究报告，通常是由一位世界知名且受人尊敬的专家撰写的。他们的任务是分析、批评并找出报告中的薄弱环节。当时，阿蒂姆发现这非常具有挑战性。他的习惯是相信这些资料中所写的一切，毕竟他们是公开出版作品且值得信赖的专家！但随着时间的推移，在导师的指导下，他找到了更多批判性阅读的方法，识别出没有充分支持依据的说法，还发现了缺乏证据或推理不足的地方。这是一次大开眼界的学习体验，帮助他学会了对发表在其他知名期刊上的文章进行批判性思考。这种定期培养批判性思维的训练通常在研究生课程中以同行评审的形式进行，即由同一领域的其他人对工作进行评估和批评。作为家长，我们可以通过减少陈述和提出更好的开放式问题来培养孩子的这种思维方式，从而激发孩子的推理能力，而不是简单接受的能力。还记得我们关于示范的讨论吗？这种特殊的学习态度可以通过示范的形式来成功地传授给孩子。

作为父母，我们无法在孩子们余生的每一天都陪伴在他们身边。在这个互联网时代，他们将面对铺天盖地的信息和知识（见图2-3）。帮助孩子们建立基于推理和实验的知识标准，将使他们具备整理知识的能力，也就是让他们接受、修改或拒绝知识的能力。作为父母，我们应该能够引导孩子审视各种信息来源，从事实中剔除谬误。超级聪明的学习者能制定出一系列广泛的标准，帮助他们在日益丰富的知识体系中进行筛选。这样一来，他们就能更好地应对未来生活中遇到的复杂问题。

图 2-3　各种信息来源

3. 流动性

流动性基于这样一种信念，即一个人的知识是不断更新的。如果学生相信知识是在不断更新的，那么，他们就会承认，一生中需要学习的知识非常多，而且知识是不断变化的。

有了关于知识的正确信念，学习者就会把新课程或学习领域看作是提升他们感知世界的能力的机会，比如，了解一项科学研究是如何完成的、一个数学问题是如何解决的或者一个艺术项目是如何创作的。他们会饶有兴趣地观察周围的环境，感悟到周围充满了学习的机会。

如果学生认为知识是固定不变的，那么，他们就对知识的广泛性关闭了心扉。此外，据观察，那些认为知识并非固定不变的学生，对自己学习某一学科的能力更有信心。[2] 研究人员还观察到，学习者会使用更深层次的（而非表层的）学习方法，充分利用更高阶的思维技能。

流动性将在 21 世纪的就业市场中发挥至关重要的作用。请思考一下当前劳动力的这些现实情况：

- 技术不断演进，要求用户跟上每一次更新的步伐，否则就有可能落伍。
- 信息、媒体和新闻以极快的速度发布，一周的脱节会让你感到迷失方向、跟不上节奏。
- 多亏了在线协作技术，现在的工作可以随时随地完成。

无论是出于需要还是出于选择，流动性都是当今工人的重要信念。例如，75% 的 Z 世代（18 岁至 25 岁的员工）认为他们会从工作变动中受益。[3] Z 世代是在 2020 年新冠疫情撼动就业市场之际加入劳动力大军的。毫不奇怪，这一局势改变了这一年轻群体对工作的看法，Z 世代比老一辈人更愿意频繁跳槽。[4]

根据 ZipRecruiter 的一项调查，[5]95% 的 Z 世代将职业晋升机会放在首位，93% 的 Z 世代希望从他们的经理那里学到东西，91% 的 Z 世代正在寻找职业发展和培训机会。[6] 如果 Z 世代在目前的雇主那里找不到这些机会，他们会选择离职并寻找愿意提供这些机会的雇主。我们还可以推断出，与老一辈人相比，Z 世代更愿意学习新工作所需的新技能和新知识。如果没有对学习的开放态度，这些人可能会错过职业发展和成长的机会。

阿蒂姆在给学习统计学的本科生授课时，经常体验到这种关于学习的固定观念。统计学被认为是一门精准的学科，有固定的公式可循，通常也有着非常具体的应用方式。因此，当范式发生变化，如数据分布和建模标准发生变化时，学生们尤其难以接受。即使有证据表明新的模型优于旧的模型，许多学生也难以改变自己的信念。他们固执地坚信，只有一种方法可以解决这些问题。

阿蒂姆的经历为我们提供了关于知识的流动性是如何影响学习方法和学习成果的洞见。学生越是坚信知识是固定不变的，他们在处理复杂且高难度学习任务时就越容易陷入困境。研究发现，当学生认为知识是固定不变的时，他们的学习成绩往往会下降。[7]

为了进一步说明这一观点，我们可以回顾一下历史上许多杰出且备受尊敬的思想家犯错的时刻。

- 1943 年，IBM 总裁托马斯·沃森（Thomas Watson）说：

"我认为全球市场可能只需要 5 台计算机。"然而，如今全球有超过 20 亿台个人计算机在使用，每天有超过 30 亿人上网。[8]

- 20 世纪福克斯的执行制片人达里尔·扎努克（Daryl Zanuck）在 1946 年的一次采访中说："电视机在头六个月内能抓住市场，但在六个月后将无法继续保持好势头。人们很快就会厌倦每天晚上盯着一个胶合板盒子看。"[9] 目前，全球至少有 14 亿家庭拥有一台以上的电视机。

- 1903 年，亨利·福特（Henry Ford）要求他的律师霍拉斯·拉克姆（Horace Rackham）投资他的汽车公司。密歇根储蓄银行的行长警告拉克姆不要投资福特的汽车业务。"马车将长期存在，而汽车只是一种新奇的东西。"据报道，他就是这样说的。[10]

如果人们没有认识到知识的流动性，就会产生封闭式思维，并导致许多知名公司衰落。最近发生的一些例子包括百视达视频公司（Blockbuster Video）和柯达公司（Kodak），前者错过了流媒体视频革命，后者错过了数码相机带来的机遇。知识的流动性可以帮助超级聪明的学习者避免这些失败，因为他们可以轻松适应不断更新的知识，并在必要时做出改变。

4. 关联性

关联性承认一个知识领域通常与另一个领域相关。知识很少单独运作。如果知识是破碎分散的，那么，思想就会独立存在，不受其他概念的束缚。但这种情况很少发生。

关联型知识观认为，思想可以是复杂的、多层次的。相反，简单型知识观认为，思想可以轻易分类，非黑即白，并严格基于事实。虽然有时知识看似简单，但实际上，随着学习者的成熟，概念会变得越来越复杂，不再非黑即白，而且更可能需要深入思考。学生学得越多，他们就越明白不能总是把所有的知识都整齐划一地装进同一个"盒子"里。

值得注意的是，对知识持简单或割裂观点的学生更有可能学习成绩较差。[11] 相信知识的关联性和内在复杂性的学生更有可能使用更有意义（或不那么肤浅）的学习策略，更有内在动力，并取得更积极的学习成果。

随着学习的深入，概念变得越来越复杂，讽刺的是，让这些复杂的概念变得简单易懂也变得越来越困难了。考虑一下用户体验设计师面临的挑战，他们的工作是使网站上的大量信息易于浏览。他们提供的服务越复杂，让用户获得友好体验的目标就越具有挑战性。当一个用户体验设计师能够掌握连接不同网站功能的内在复杂性时，他就能更有效地以吸引用户的方式呈现信息。

当我从大学毕业的时候，我有很多同学决定去跨国公司做专家。他们中的一些人决定专攻金融，而另一些人则选择了营销。在最初的犹豫之后，我最终选择了成为一名企业家。而作为一名企业家，我必须学习企业经营的各方面知识，如财务、营销、生产、分销、人力资源、采购等。起初，我后悔自己的决定，因为同时攻读许多学科是非常困难的，但我最终明白了这样的学习是多么有价值。同时攻读多个学科的能力让我看到不同的组成部分是如何相互联系的。财务是不能与市场营销或人力资源分开的。同样，分销也不可孤立于生产和采购之外运作。它们都是完全融合在一起的，这种关系使这些知识变得相当复杂。

正是由于知识的关联性，作为一名在学校工作了 14 年的管理者，我一直支持在我的学校采用螺旋式学习法。例如，考虑科学研究的四个领域，即生物学、化学、物理学和地球科学。在许多高中学校，每一个领域都是每年学习一次的。人们更倾向于把每个科学领域作为一个独立的学习领域来教授。相比之下，采用螺旋式学习法，每年都要学习所有的科学知识，学生就有更多的机会理解它们之间的关联性。

对于希望在家中应用这些原则的家长来说，请考虑如何让孩子接触各种学科、专业领域和阅历体验。提出问题，激发孩子的想象力，引发讨论，将看似不同或独立（甚至破碎分散）的概念或领域联系起来，寻找将它们联系在一起的共性。本书的第三部分将详细讨论各种学习策略管理的问题。

5. 控制性

控制型学习观认为，积极的学习成果是内在的，主要取决于学习者的选择，特别是他们付出的努力和他们决定使用的学习方法。每个学习者都对自己完成任务或实现目标的能力有一定的认知或信念。大多数情况下，他们并没有完全意识到这种潜在的态度，但这种微妙的意识指导着他们如何处理一个新的学科、项目或想法。学习者要么相信自己通过努力可以达到某个目标，要么出于某种原因，觉得这个目标遥不可及。

具有健康的控制信念的学习者认为，他们可以对自己的学习状况有所作为，他们有能力获得自己想要的结果。这类学习者具有学习的内在驱动力。他们坚信自己是学习成果的主要决定者。他们深信自己的行为直接决定了自己的成绩。此外，具有不健康的控制信念的学习者认为他们的学习结果可能归因于他们无法控制的外部因素。他们不相信自己有能力实现自己的目标，或者觉得自己被周围的人或事拖了后腿。他们对自主权的态度是，他们为学习某样东西所付出的努力不会得到回报。学习者可以分为两类，一类是自己掌握学习的主动权，另一类是将自己的失败归咎于他人。

控制信念对孩子学业成绩的积极作用也在研究中反复得到证实。2019年，穆旺奇（Muwonge）及其同人在《南非心理学杂志》（*South African Journal of Psychology*）上发表了一篇文章，称较高的控制水平与基于GPA的学业成功间接相关。[12]他们发现，表现出较高控制水平的孩子也更有可能成为批判性思考者，并拥有较强的组织能力。换句话说，掌控自己学习进度的感觉可以促进许多与学习相关的积极品质，从而进一步提高学习成绩。

比尔·盖茨（Bill Gates）自微软公司成立之初就是一个备受争议的人物，但无论我们是否喜欢或赞同他的观点，不可否认的是，他在技术、慈善和健康等许多领域都产生了相当大的影响。他与保罗·阿伦（Paul Allen）共同创立的微软公司继续主导着许多市场，包括桌面操作系统和办公软件套件。盖茨基金会也提高了慈善事业的门槛，捐出的善款超过了 650 亿美元。[13] 该基金会在消除贫困和疟疾等威胁生命的疾病方面采取了主动行动，挽救和改善了数百万人的生命。[14]

盖茨是如何获得如此巨大的成功的？盖茨的父母对儿子的成就避而不谈，但在被问及育儿秘诀和建议时，他们提出了一些有趣的见解。在《福布斯》（Forbes）对盖茨和他父亲的联合采访中，[15] 盖茨回顾了他的父母是如何推动他从事游泳、足球和橄榄球等对他来说并不容易的活动的。他们还鼓励他去上音乐课。据老盖茨说，他的儿子尝试过吹长号，但收效甚微。

"当时我不知道他们为什么要鼓励我尝试这些活动，"盖茨说道，"我觉得这有点浪费时间，但最终让我接触到了领导力修炼的机会，让我意识到自己不擅长很多事情，而不是一直固守着自己擅长的事。"老盖茨补充说，通过鼓励儿子尝试新事物，他觉得自己在培养一种开放的态度，他希望儿子能明白，他可以从每一次经历中吸取经验教训，即使是失败的经历，也可以激励他前进。盖茨的父母播下了控制信念的种子。盖茨正在学习如何对自己的学习成果负最终的责任。

"我年轻时也曾经历过一段不健康的控制信念的时期。我会故意制造一些情境，让自己把失败归咎于外部因素，而不是责怪自己能力不足。例如，在考试前一天的晚上，我会选择看电影而不是学习。这样一来，如果我考试不及格，我就可以把原因归咎于看电影，而不是我的'智商不够'。"

"只有当我形成了更健康的控制信念后，我才开始取得更好的学习成果。如果我意识到，我需要对自己的学习负责，而不是将失败归咎于外部因素或他人，这将对我后来的努力大有帮助，比如，快速重新启动我的研究生学习和运动抱负。我从观察父母和听取老师的建议中学到了很多。我逐渐认识到，只要努力工作，全心投入，我就能完成艰巨的任务，实现远大的目标。更重要的是，当我看到自己的努力得到回报时，我就更愿意迎接新的挑战。"

当孩子们感到自己能够掌握自己的命运，并看到对责任的正确态度所带来的回报时，他们就会明白，只要付出足够的努力，他们就能完成艰巨的任务。他们就会备受鼓舞，自然而然地产生远大的梦想，并为实现这些梦想付出艰辛的努力。

对于家长来说，这里有一个重要的学习点，那就是尝试新事物时的失败并不意味着彻底的失败。通常情况下，失败本身就是一个教育时刻，你们可以讨论从经验中可以吸取什么新知识或洞见。这种学习方法可以鼓励孩子们从不同的视角看待每一次经历，还可以很好地引导他们考虑如何将每一次尝试新事物的机会都充分利用起来。关键是要让他们保持正确的态度，并时刻注意如何从更广阔的视野中吸取经验教训。

研究回顾

◎ 潜移默化地相信知识来源多元化的孩子，将会获得更积极的学习成果。

◎ 支持"知识源于推理、思考和实验"这一观点的孩子，将能更熟练地将事实与观点区分开来，并从大量信息中筛选出某个课题的真相。

◎ 孩子们越相信知识是固定不变的，他们在学习复杂的、更高层次的知识时就会越吃力。

◎ 当孩子们理解某种知识与其他知识之间的联系时，他们就能为概念和学科知识打下更深的基础。

伦敦大学学院的一个研究小组[16]对两组伦敦交通专业人员进行了分析。这项研究提供了有趣的证据，说明我们的大脑是具有可塑性的，以及如何通过时间和实践来教会我们接受新习惯的。在这项研究中，一组人正在接受出租车司机培训，另一组人则在接受公共汽车司机培训。在出租车学校，司机们必须通过一项不使用 GPS 的艰难考试，用来证明他们已经记住了伦敦的所有街道。在这样一个大城市里完成这项任务绝非易事！相比之下，公共汽车司机学员的任务要轻松得多。他们只需学习一组特定的道路，因为在以后的职业生涯中，他们将反复在相同的路线上驾驶公共汽车。

两组司机工作了几年之后，研究人员对这两组人的大脑进行了扫描，结果发现，出租车司机大脑中负责空间导航的部分增大了。虽然两组人在同一时间开始他们的司机职业生涯，而且都在做几乎相同的工作，即在伦敦运送乘客，但出租车司机的大脑学习能力却增强了。而公共汽车司机的大脑没有发生什么变化。出租车司机的大脑更加活跃的原因是，他们的工作总是让他们考虑新的路线，考虑如何在接到通知的瞬间立即处理新的交通堵塞，或者考虑如何在匆忙中兼顾各种乘客的需求。他们不断学习新事物，保持大脑敏锐和反应灵敏。孩子们的大脑也具有类似的可塑性。

知识和真理的现实是，我们都有很多东西要学。我们不知道的事情太多了。重要的是，我们所有的学习者和家长都应该谦虚地对待学习。作为父母，我们可以率先树立正确的态度，创造一个开放式对话的安全空间，让健康的分歧和冲突得以存在，从而让这些正确的学习态度得以成长。我们应该鼓励开放的对话，这样我们的孩子就可以在他们挣扎的时候表达出来，我们也能感觉到什么时候该继续推动，什么时候该停止支持，让他们追求另一条道路。成长是我们所有人的目标。所以，当你们一起应对这种令人头痛的交谈时，请对你自己和你的孩子慈悲一点。

当家长们创造一种家庭文化，让孩子们知道他们可以对自己的学习产生影响时，孩子们更有可能实现他们的学习目标。帮助我们的学习者树立健康的主人翁意识，需要健康的父母示范和开诚布公的对话，就像智慧学习的其他方面一样！在学习如何成为好榜样的过程中，我们需要对自己有耐心；在孩子们经历这一过程时，我们也需要对他们有耐心。只要大家齐心协力，不断努力，你就一定能取得成功，获得你所希望的结果。

在应用本节中的原则时，请考虑如何给孩子自主权和空间，让他们做出自己的决定和选择；提出具有启发性的问题，帮助孩子培养他们的分析能力和战略技能；让孩子做出更多的自主决定，从最简单的开始，逐步过渡到更复杂的问题，使他们能够为培养独立的批判性思维打下基础。

行动计划

◎ 请记住，我们可以通过时间和实践学会接受新知识，换句话说，更健康的信念是可以习得的。考虑一下，在家中如何教授、鼓励和示范学习的五个基本信念。寻找机会激发孩子的好奇心，激发他们的探索和提问的本能。

◎ 当孩子对复杂的问题给出简单的回答时，温和地提出异议，帮助他们看到这个问题的不同观点。

◎ 就所学内容向孩子们提出开放式的问题，让他们有时间处理自己的想法，并给出深思熟虑的回答。

◎ 在讨论那些没有明确对错答案的话题时，鼓励孩子提出自己的看法。告诉他们，你是如何对这个话题得出个人结论的，同时提醒他们，他们也可以形成自己的想法。

第六章　优化

近年来，人们对流程优化（尤其是工作场所的流程优化）的兴趣激增。由于企业一直在寻找优化团队协作和提高生产率的方法，敏捷开发（Scrum）、精益（Lean）和敏捷方法（Agile）等项目管理方法日益流行。根据《哈佛商业评论》（*Harvard Business Review*）的报道，这些管理策略已经奏效："研究表明，采用这些技术的公司可能会在效率和成本方面获得显著改善。"[1] 当领导团队支持将这些管理理念植入公司文化时，情况尤其如此。

优化是指使某物达到最佳状态的行为或过程。这意味着你找到了一种充分利用某种情况、程序或活动的方法。雪莱·马登（Shelly Madden）在其博客中写道："当你优化一个项目时，你就增加了简化操作、改善资源管理、减少错误和提高客户满意度的可能性。[2] 所有这些结果都是希望蓬勃发展并将流程优化作为优先事项的企业所期望的。"

与优化商业流程所获得的好处一样，学习过程的优化也是如此。我们都必须面对有限的时间、精力和可用于学习的心理资源，以及看似无尽的学习期望。多亏了互联网和手机、计算机的普及，我们有了无限获取信息的能力。除此之外，还有一个潜在的假设，就是我们要在一生中保持一种开放的学习态度，以便在新的机会出现时调整和拓展我们的职业生涯。

我们的孩子就是在这样的现实中成长起来的——学习资源是无限的，他们对终身学习的期望也很高。因此，让他们学会优化资源，尽可能提高学习效率，这一点至关重要。本章的重点是优化学习，以及我们都需要优化的三个方面，即学习的时间、精力和认知负荷，也就是我们学习新事物的心理能力。如果说本书是一块很棒的蛋糕，本章就是这块蛋糕上的糖霜，起到了锦上添花的作用。这些实践将增强我们之前讨论的所有观点，并使我们关于学习基础的对话更加完整。在接下来的篇幅中，我们将介绍并讨论与优化理念相关的两个新概念，即学习的错觉和不学习的错觉。我们还将探讨如何促进学习的自动性，以及如何帮助学习者达到"理想（心流）的学习状态"。所有这些实践都将促进更好的学习，帮助学生成长为更聪明和更精明的学习者，随时准备好迎接任何学术挑战。

学习的错觉

作为一名学校管理人员，我注意到，让老师感到沮丧的一个常见原因是，学生们对以前课堂上讨论过的内容感到困惑。有些学生在课后的小测验中成绩很好，但他们也会感到吃力。这种情况给教师带来了挑战，因为他们现在不得不分配宝贵的教学时间来复习之前讨论过的内容。如果在整个学年中反复重复这种情况，不难想象学生的学习会受到怎样的负面影响。此外，教师们可能很难完成本学年的所有指定课程。我们将这一问题定义为"学习的错觉"，那么，教育工作者该如何解决这一问题呢？

　　学习的错觉主要集中在听到某件事情之后的一段时间内。德国心理学家、记忆实验研究的先驱赫尔曼·艾宾浩斯（Hermann Ebbinghaus）的研究为我们更好地理解这种错觉提供了依据。艾宾浩斯对人们获取和遗忘信息的机制很感兴趣。这促使他在 1880～1885 年对自己进行了一项研究，他试图将无意义的词汇记在脑海中（因为相对于可以通过联想和个人经历与现实生活联系起来的单词，要记住"胡言乱语似的"无意义的音素组合要困难得多），在不同间隔时间检查自己的记忆力并记下结果。图 2-4 是这项研究结果的逼真再现，这就是今天

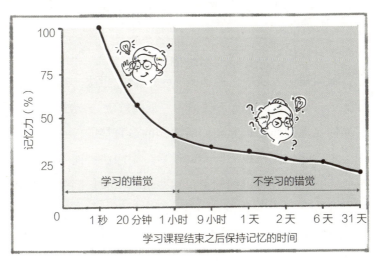

图 2-4　艾宾浩斯遗忘曲线

更广为人知的"艾宾浩斯遗忘曲线"。[3]

艾宾浩斯遗忘曲线说明，如果不主动复习，记忆会随着时间的流逝而迅速消失。正如你所见，新形成的记忆的遗忘速度几乎呈线性趋势，在学习结束后的前 20 分钟内，记忆就丢失了 42% 左右。

艾宾浩斯发现，我们大脑的代谢过程可能会阻碍将短期记忆转化为长期记忆的信息转换。换句话说，我们的大脑会保护我们的长期记忆，不让它认为不那么有趣或不重要的信息进入我们的长期记忆，避免不必要的回忆过度填充我们的长期记忆。他的发现提醒我们，记忆的形成是一个需要时间和努力的过程。当我们与孩子一起培养良好的学习习惯时，务必要记住的是，并非所有进入短期记忆的信息都能保证在长期记忆中被储存和被记住。实际上，我们的学习者必须对新信息采用重复的好策略，才能将新信息纳入他们的长期记忆。

学习新信息后，我们会直接体验到一种"知道了"的感觉，瞬间相信大脑中已经植入了一个新的想法。这种感觉实际上是一种学习的错觉，被称为"近因效应"。这种效应与我们如何更准确地回忆起我们所学到的最直接的信息有关，我们会更清楚地记住我们听到的最后一个想法，而不是第一个想法。我们没有意识到的是，这些信息从我们脑海中溜走的速度有多快。

回到我们之前关于学生难已掌握已授知识的讨论上，家长

（以及教育工作者）必须承认并接受"学习的错觉"是孩子们需要面对的现实。给别人上过一堂课，并不意味着别人已经掌握了这堂课的知识。由于近因效应的存在，在最初教学之后可能会产生一种学习的错觉。除非进行必要的干预，否则孩子最终会忘记他们所学的大部分内容。要实现真正的学习，我们还有很多工作要做。

当学生在考试前"临时抱佛脚"的时候，近因效应会为他们带来好处。他们可能会在考试中取得相当好的成绩。这些知识在他们的脑海中记忆犹新，因此他们很可能能够回忆起这些信息，并准确地回答问题。他们通过了考试的事实会给人一种错觉，以为他们已经掌握了这些知识。但实际上，随着时间的推移，这些信息不会逗留太久。如果几天后再对他们进行测试，他们很可能就记不起来了。如果没有与知识的持续互动，他们为考试而恶补的大部分知识都会丢失。

同样，如果你多次重读材料，尤其是在不要求你背诵或复述的时候反复阅读，可能会给人一种你已经学会了这些材料的错觉。但如果反复阅读是孩子记忆信息的唯一策略，那就不够了。当我们的大脑有遗忘的倾向时，这种策略就太被动了。反复阅读会让学生以为自己已经掌握了其中的内容，但更有可能是近因效应在起作用，而不是任何长期学习的成果。

与学习的错觉相关的另一个常见因素是多任务处理的问题。多任务处理是指我们同时尝试完成多项任务。虽然很多人觉得多任务处理会让他们更有成效，毕竟他们是在同时完成多件事情。但相关研究一再证明，多任务处理可能具有欺骗性，会造成学习的错觉。[4]

对于一个人来说，完全专注并熟练地同时完成一项以上的任务是不可能的。这个观点适用于任何形式的多任务处理，在学习中尤其如此。当学生在学习期间试图发短信、浏览社交媒体或看电视时，他们的学习就会受到影响。这是因为我们的注意力持续时间是有限的资源。当我们试图同时兼顾多项活动时，我们的大脑就会从一项活动跳到另一项活动，而没有任何一项活动能吸引我们的全部注意力。这与学习或研究的理想状态相去甚远。

我经常看到我的学生产生这种学习的错觉。许多学生声称，多任务处理让他们学得更快或更有效率。不过，虽然他们可能会零零碎碎地学习他们正在学习的科目，但总的来说，这是一种肤浅的学习。同时处理多项任务阻碍了那种能让学生长期坚持的学习方式。

此外，一旦学生养成了同时处理多项任务的习惯，就很难改掉这个习惯。[5]当多个信息源争夺学生的注意力时，他们的专注力就会下降，更有可能被其他看似更有趣的东西分散注意力。所以，尤其是在学习他们觉得难学的知识时，避免同时处理多项任务是至关重要的，因为它会把学生的注意力从他们需要学习的东西上转移开。

我们目睹了与多任务处理相关的挑战，我们的经验也得到了令人信服的研究的支持。学生的注意力控制能力，即专注于一项任务而不分心的能力，将直接影响他们的 GPA。[6, 7] 事实证明，多任务处理会降低学生的注意力控制能力。学生尝试同时处理的任务越多，他们的注意力控制能力就越弱。通过直接的相关性分析，科学家们可以推断出在学习期间同时处理多项任务实际上会导致 GPA 下降。学生们在同时查看手机或处理其他干扰时，很难集中精力学习。

在我们继续讨论"学习的错觉"之前，我们还想谈谈与遗忘曲线相关的一个问题。我们称之为"暑假空档期"。每年学生们都期待的这段较长的学习间歇期是一个令人担忧的问题，尤其是考虑到我们倾向于遗忘信息这一点。关于这一主题的研究可能让你重新考虑你家的学习者如何度过每年的这段学习空档期。

密苏里大学和田纳西州立大学的研究人员进行的一项研究发现[8]，那些在暑假期间完全停止学习的学生，他们的知识储备出现了显著的下降。研究还显示，那些没有进行诸如阅读、复习本学年所学内容或参加暑期课程等活动的学生，他们的表现落后于那些参与了类似活动的学生。

约翰斯·霍普金斯大学的另一项研究[9] 更进一步地考虑了暑假空档期的学习断档问题：如果在暑假期间停课，是否会产生一些持久的影响？他们的研究结果揭示，来自高收入家庭的孩子在九年级时的学习成绩明显更好，他们将这一现象归因于两个因素。第一个因素是这些孩子在一年级时就具备了学习优势，具体来说，他们的阅读能力更强，因为他们在进入学校之前已经接受了两年高质量的学前教育。第二个因素是这些学生在如何度过暑假的问题上具有一定的优势。他们通常会接受家教或在父母的照料下学习，这些父母在整个暑假期间以各种方式为孩子的学习投入资源。

研究人员还发现，处于经济劣势的学生在暑假期间无法获得这些机会，因此，他们的知识流失更为严重。这里也涉及"遗忘曲线"所体现出的作用。那些在暑假期间没有学习的学生，实际上需要在新学年伊始重新补上落下的课程。因此，虽然在学年期间，两组学生都上同样的课，学习同样的课程，但经济条件较好的学生在学业上表现得更为优秀，这在一定程度上是因为他们在暑假期间继续接受教育。随着时间的推移，经济条件较差的学生越落越远。

2019 年，库夫尔德（Kuhfeld）发表了一项研究的结果。[10] 他分析了 340 多万名学生的阅读和数学成绩，目的是找出整个夏天有多少个月的教育时间被浪费掉了。各个年级加起来，整个暑假期间几乎损失了四个月的学习时间。尤其是在高年级时，学习变得更加复杂，这种损失就更加显著。

学生在秋季学期返校时，很多老师都感到失望，因为他们期望学生在整个学年中都能学到绝对的知识，而且不能也不会在暑假期间忘记所学的知识。然而，事实并非如此。与其让学生在暑假完全荒废学业，不如考虑采取一些对学生和老师都有利的替代策略。

家长可以考虑在家里为孩子实施一个"暑假空档期"计划，定期与孩子一起复习上一年度的主要课程。此外，家长还可以考虑如何利用暑假为新学年做准备。询问你的学校下一学年第一季度将设置哪些科目，并寻找机会在学生进入课堂之前为他们做好准备。这两种选择对学习者的自我效能感、控制信念和内在动机都有积极的影响。

研究回顾

◎ 艾宾浩斯遗忘曲线说明，如果不主动复习，记忆会随着时间的流逝而迅速消失。

◎ 平均而言，我们在 20 分钟内会忘记所听到内容的 42%，而且在短短一小时内，记忆的流失就超过了一半！

◎ 同时处理多项任务是一种难以打破的习惯，但如果我们不解决这个问题，它会直接影响学生的学业成绩。

◎ 消除学习的错觉和遗忘曲线的影响是有可能的。如果学生定期复习和回忆所学内容，并找到除了重读之外的其他方式来接触新信息，他们可能长期掌握所学的知识。

不学习的错觉

长期担任迈克尔·乔丹（Michael Jordan）和科比·布莱恩特（Kobe Bryant）的训练师的蒂姆·格罗弗（Tim Grover）透露，对于控球后卫来说，力量训练一直是一个敏感的话题。

"他们总是害怕新的训练计划会让他们的手感变差，"格罗弗说，"事实确实如此，这是没有办法的事情。"格罗弗也分享了他对科比和乔丹的相同预感："在一段时间内，他们的身体需要适应，他们的手感可能会出现问题。但这是可以恢复的，也许只需一周，也许需要两周。"

即使面对这些已知的挑战，格罗弗还是宣扬了坚持并尝试新训练计划的好处。他表示："力量训练有助于韧带和肌腱保持健康，并有助于伤后恢复。"既要增强力量，又要增加足够的重量，有时球员们必须找到自己的最佳状态。[11]

就像运动员在尝试新的训练计划时所经历的那样，在培养心理力量时也需要一个调整期。对于科比和乔丹来说，这个调整期使他们感觉新的训练计划根本不起作用，好像他们的球技不升反降。对于学习者来说，在获取新知识的过程中可能会有类似的不适感，他们可能会觉得自己根本没有在学习，甚至还在倒退。这会让人感到非常沮丧。

我们把这个调整期称为"不学习的错觉"。当学习者在第一次听到新信息后继续与之互动时，他们可能很难记住或应用这些信息。他们可能会产生一种错觉，认为自己无法真正掌握这些信息。但事实并非如此，这些孩子并非没有在学习，而是学习新事物需要时间和耐心，尤其是，如果我们的目标是让这些新信息在我们的长期记忆中扎根的话。要想长期坚持深度学习，学生就必须深思熟虑地利用各种资源和学习策略来激活记忆。

就像科比和乔丹必须克服新的力量训练对他们投篮精准度

的影响一样，有时学生必须付出额外的努力才能克服学习上的障碍。这种"不学习的错觉"也可以被认为是学习的低谷期，或者说，与近因效应的情况基本相反。举例来说，有些孩子在学习阅读时会很吃力。他们会在一周内取得很好的进步，但随着新单词或更难的短语的引入，他们似乎会倒退一段时间，因为他们完全吸收新的阅读材料的相关知识是需要精力的。最终，随着练习的深入，他们会开始理解并掌握新的阅读技巧，并重新夺回一路上似乎失去的任何"阵地"。

关键是这些孩子（以及他们的家长和老师）不要在低谷期感到沮丧。低谷期并不意味着"不学习"，相反，这是一段需要孩子进一步练习以充分掌握新知识的时期。学习的进步可能是微小的、渐进的，但进步是确实存在的。在这段时间里，家长和学生都不应该感到失望，因为学习仍在进行，但需要时间和努力才能将知识融会贯通。在这段时间里，对你的孩子保持耐心是很重要的。

同样，我们之前提到的"暑假空档期"也会给人一种"不学习的错觉"。当学习者在暑假期间努力回忆上学期所学知识却无果时，可能会产生一种错觉，即上一学年没有学到任何知识，或者学到的知识在暑假期间丢失了。而实际上，前一年的基础仍然存在。知识和信息可能并没有完全在暑假期间丢失。相反，所学的内容需要进行重温和复习，要让孩子有时间将所学内容融入长期记忆。

值得记住的是，我们的大脑并不像电脑那样运行，我们无法将信息存储在内部硬盘中，并在将来随时检索。相反，我们的大脑是一个不断循环处理信息的生物系统。正因为如此，我们必须努力克服这个现实，让我们的大脑保持活跃、受到刺激和持续投入，这样我们试图记住的信息就有更好的机会在我们的脑海里停留更长的时间。我们并不是说，每个学生都需要全年无休地学习，或者为了跟上学习进度，整个夏天都待在学校里。更实际的做法是，考虑一下如何在各种环境中进行学习，暑期为你和你的孩子提供了一个以不同的、新颖的方式接触所学知识的机会。这可以通过有教育意义的假期、定期的阅读时光或鼓励批判性思维的夏令营来实现。事实证明，即使是打暑期工，也会给学生带来经济上和精神上的双重回报，因为有工作的学生更容易在整个夏天保持大脑活跃和持续投入。

这次谈话给我们的重要启示是，学习是一个积极的、持续不断的过程。如果我们让自己或孩子的大脑闲置太久，知识就会丢失。我们的孩子正处于接受教育的最重要时期，以及毕业后的重要人生阶段，因此，他们的大脑必须不断地工作、学习和接触周围的世界。如此，他们将长期受益于敏锐的思维和更强大的记忆新知识的能力。在更好地了解了"学习的错觉"和"不学习的错觉"之后，现在让我们来考虑几种可用于解决这些问题的屡试不爽的策略。

1. 克服遗忘曲线和近因效应

研究表明，如果学生在学完课堂内容后直接进行复习和学习，无论是在下课后还是在一天的学习结束时，他们不仅会更清楚地理解这些内容，而且遗忘信息所需的时间也会更长。[12]

据了解，尖子生会重写一些课堂笔记，尤其是速记笔记，以便帮助他们消化所学内容。然后，他们会在几天后花时间再次复习这些材料，并思考这些内容如何与他们正在学习的其他主题相契合。这些努力将有助于巩固他们刚刚学到的知识，并减少遗忘曲线和近因效应的影响。

2. 回忆比重读更有效

与其让学生重读刚学过的内容，不如鼓励他们回忆所学的知识。回忆知识发生在学生对所学内容进行加工、评估、评价和复述的过程中。仅仅重读并不能有效地促进长期记忆。但是，学生可以通过回忆、复述甚至向家长或朋友重新讲解所学内容，更深入地理解这些信息。除了阅读，找到与新信息互动的方法，也将产生翻倍的效果。

3. 取消多任务处理

直接解决多任务处理问题的关键是将其完全从学习策略清单中移除。父母可以通过设定学习时间来帮助孩子。父母还可以指定一个空间或安静的房间供学习者学习使用。如果你无法完全腾出一间房间供孩子学习，那就想方设法营造有利于孩子学习的环境。关掉电视，鼓励他们在学习时把手机放在另一个房间。

你也可以设置一些小提示，告诉孩子什么时候该集中注意力了。你可以利用"番茄工作法"（Pomodoro Technique）[13]应用程序，提示什么时候开始集中精力工作，什么时候可以休息一下。"番茄工作法"鼓励每 25 分钟学习一次，这对大多数年龄段的孩子来说都是可以承受的。

这些策略将为孩子提供指导，帮助他们通过建立固定的学习时间安排和了解如何在较短的、合理的时间内高效学习来提高学习效率。如果有一个明确的休息时间，孩子会更倾向于坚持完成任务。

4. 克服不学习的错觉

为了帮助学生克服"不学习"的感觉，家长可以倾听他们的抱怨，为他们提供一个表达沮丧的渠道。然后，帮助他们看到自己取得的进步，即使进步微乎其微也没关系。2020 年的一项有见地的研究支持了这一观点，强调了学生感知到的父母支持程度越高，他们的学习成绩就越好。[14]

家长还可以鼓励孩子只关注自己的进步，而不要被别人的进步干扰。此外，帮助孩子保持动力和耐力也很关键，这可以通过引导孩子制订合理的小目标来实现，这样他们就不会因为大目标的遥不可及而气馁。表扬他们的辛勤努力，而不是他们的天赋和能力，因为他们的持续努力将帮助他们最终实现目标。

行动计划

◎ 为了减少学习的错觉，请鼓励孩子在一天结束时复习课堂笔记，重写速记笔记和所学要点。鼓励他们在几天后再次复习这些材料，并寻找这些信息与其他功课的联系。此外，让他们向你或其他成年人或朋友复述、重述或复习他们所学的内容，这也会对他们有所帮助。

◎ 为了解决多任务处理问题，请遵守学习时间的相关规则。指定学习的地点，并确保其有利于高效工作。你需遵循的规则包括学习期间处理好电子产品或其他媒体的使用。

◎ 考虑一下如何通过教育型夏令营或持续但有趣的学习体验来克服暑假期间的学习停滞。

自动性

在游历不同的国家时，学习适应不同的驾驶规则对我来说是一个意想不到但又反复出现的挑战。在我的家乡马尼拉，我学会了开车，习惯了拥挤的车流。由于交通拥堵严重，车辆通常会紧挨着行驶，车速如蜗牛一般。我听其他人，特别是来我国的游客说，这种驾驶条件会让人感觉压力很大。即使车速很慢，车辆之间狭窄的空间也会令人焦虑不安。但对我来说并非如此！我觉得这样开车很自然，不费吹灰之力。但我又发现，在其他城市和国家，当地居民可能觉得再自然不过的驾驶方式，对我来说却非常痛苦。

例如，在美国开车时，我发现每个人都以极高的速度行驶，这让我极度紧张。在我看来，只要犯一个错误，后果可能不堪设想！尽管我知道，从统计学角度来看，发生重大事故的可能性很低，但在高速公路上开车时，我还需要一段调整期才能舒服地开车，尤其是在洲际公路上。在澳大利亚旅行时，我遇到了一个新的挑战，即高速驾驶和右侧行驶。事实证明，换边驾驶是我迄今为止面临的最大挑战，我需要经过好几个星期的练习才能适应。当我需要转弯时，我必须非常小心自己的动作，小心翼翼地移动，以免在拐弯的过程中与其他车辆相撞。

在马尼拉开车时，我可以一边开车一边听书或与乘客交谈，这种感觉相当自在。但在澳大利亚开车时，我需要完全安静地思考驾驶问题。我不能做任何多任务处理，只能专注于道路。在澳大利亚，驾驶实践对我来说还没有成为一种自动行为。我仍在学习如何以这种全新的方式（对我而言）驾驶，因此，我很容易迷路、错过转弯或险些发生事故。

当一种行为或心理过程无须努力或明确的意图就能迅速完成时，"自动性"就发生了。对我来说，在马尼拉开车已经是一种自动行为，而在澳大利亚开车则不然。当孩子可以毫不费力地完成一项学习任务时，"自动性"就到来了，这项活动已经成为他们的第二天性。当一项任务变得自动化时，完成它所需的时间和精力就会减少。

为了充分理解自动性的重要性，让我们来分析一下与自动性相关的两种基本思维类型（高阶思维和低阶思维），并讨论一下为什么它们在孩子的学习发展中既宝贵又必要。

低阶思维：低阶思维涉及基本的初级学习，包括学习字母表、掌握基本的加减法、记忆简单的乘法口诀或发展打字技能。与低阶思维相关的学习过程往往非常程序化，可以通过重复练习来掌握。随着时间和练习的增加，你的孩子可以达到能够自动完成"低阶活动"的程度。随着低阶思维的效率提高，孩子们能够学得更多、更快，并能向更深层次的学习迈进。例如，掌握基本的乘法口诀将为孩子日后解决复杂的数学难题打下基础。

高阶思维：当孩子养成了良好的学习习惯，他们大脑的肌肉记忆得到了强化，从而在可以进行更深层次的学习时，高级思维就会产生。当孩子能够更快速、更轻松地完成任务时，高级思维就会出现。这样一来，他们就能够运用这些基本技能来解决更复杂的问题，设定更大的目标，并以更高的效率来管理他们的知识摄入量。这超出了常规的记忆，需要分析、评估和批判性思维。例如，孩子在学习英语语法时，首先需要记住基本的语法规则，然后才能轻松流畅地进行写作和口语表达，在此过程中，他们应该专注于阅读任务的主题，而不是主语和谓语的一致性。如果他们知道如何快速且自动执行基本的学习功能，充分利用他们可支配的学习工具，那么，他们就能够优化学习体验，并在这一过程中将消耗的时间和精力降至最低。

我们的孩子的大脑皮层负责记忆、认知、学习、理解、解决问题、意识和处理与感官相关的任务（感官相关任务涉及处理通过感官接收的信息，如视觉、听觉、触觉、味觉和嗅觉）

等。当他们从事不需要大量思考或沉思的活动时，他们的大脑皮层承受的压力就会很小，这样，他们就可以习惯性地或自动地进行这些活动。我们的目标是让孩子们培养出一种自动性，使他们能够基本上跳过执行低阶思维所需的思考过程，减少大脑皮层的压力，降低认知负荷（或心理容量），为更深层次的思维过程腾出空间。

自动性对于我们的孩子实现高阶思维至关重要，而研究也表明，自动性可以提高孩子的学习成绩和学习能力。让我们看看下面的三项研究，这些研究表明自动性在学习中的重要性。第一项研究强调，对于第一学期学习化学的学生来说，在不借助计算器的情况下自动完成基本运算的能力越强，其化学成绩就越高。[15] 因为化学需要完成大量的数学问题，而且通常是多步计算，数学基础较好的学生能够更快速、更准确地完成公式计算。学生在每个计算步骤上的效率越高，在计算变得更加复杂的情况下，他们跟上进度的可能性就越大。

这项研究并不能保证数学基础好的学生化学成绩就一定好，或者反过来说，数学基础不好的学生化学成绩就一定差。当然，决定学习成绩的还有其他因素，比如，学生学习化学的内在动机和外在动机。数学的高度自动性与化学的成绩优异之间存在的联系还是令人叹服的。大多数具备基本数学能力的学生都能自如地应对化学课程的要求，因为他们拥有良好的数学基础，他们不需要费力思考就能解决每道数学题，这为他们解决整个化学问题提供了所需的思维能力。这项研究表明，低阶思维的高度自动性可以降低认知负荷，为更复杂的计算腾出空间。

　　第二项研究 [16] 考察了认知负荷和自动性对工科大学生问题解决能力的影响。研究发现，当学生能够在高自动性的基础上完成任务时，他们的反应较快，成绩也较好。相反，当学生的自动性较低时，他们表现迟缓，准确率也较低。事实上，当学生能够使用高自动性的思维方式解决问题时，他们的学习速度可以提高三倍。即使在学生的心理容量被消耗殆尽，学习成绩也有所下降的情况下，自动性程度高的任务也能完成得更快。当这些学生遇到更加错综复杂的问题时，高自动性使他们能够跟上进度，并继续以一定的速度和准确性完成作业。

　　第三项研究发现，阅读速度与快速且轻松地识别和理解单词的能力之间存在相关性。[17] 事实证明，这种流利程度会随着处理单词的容易程度而提高。此外，研究还表明，这种被称为"阅读自动性"的能力不仅会影响中学阶段的数学学习、计算和阅读成绩，还会影响大学阶段的成绩。

　　掌握识字和算术技能与更高层次学习的成功息息相关，因此，帮助孩子们在早期学习阶段打好这些方面的坚实基础至关重要。戈登·洛根（Gordon Logan）[18] 提出的一种理论认为，随着低阶思维的掌握，学习者能够绕过过去解决问题的一些步骤。相反，他们可以直接从长期记忆中检索出答案。例如，在解决 5×5 的乘法问题时，他们可以跳过任何小的计算步骤，并自动知道答案是 25。施奈德（Schneider）和希弗林（Shiffrin）[19] 提出的另一种理论则认为，学习者不是跳过一些步骤，而是能够以更快的速度计算出答案。自动性有助于他们更快速、更准确地处理问题的每个步骤。例如，当烹饪一道你已经做了几百遍的菜时，你不需要参考说明，而是以极高的效率和速度完成每个步骤，尤其是与你第一次完成这道菜所花费的时间相比。

无论哪种理论最准确，它们都指出了排练[20]和重复在实现自动性方面的价值，尤其是在低阶思维方面。孩子练习说字母表、回答基本的加法或乘法问题、在键盘上打字的次数越多，他们的自动性程度就越高。当孩子需要检索所呈现的信息而无须任何进一步的阐释或加工时，排练和重复就是适当的方法。当我们考虑如何帮助孩子在阅读和数学方面打下坚实的基础时，注意到这一点很有帮助。

但请记住，正如孩子在以后的生活中需要培养批判性思维的技能以应对更复杂的想法一样，基本的学习策略也需要随着孩子在校学习年限的增长而不断演变。随着学科分量的逐渐加重，我们的孩子需要采用最有效的学习策略，以便有效地将想法从短期记忆转移到长期记忆，并推动某些过程自动化。这些策略将在随后的章节中详细讨论。

关键的要点是，自动性对于低阶思维和高阶思维都很重要，区别在于如何应用。低级思维非常注重内容，基于来自乘法练习和字母背诵的自动性。高阶思维需要识别模式的能力，以及确定哪些学习策略与自己的优势和劣势相匹配的能力。自动性是优化学习的强大方式，因为通过将某些学习过程自动化，孩子就能够管理认知资源，从而取得更好的学习效果。

研究回顾

◎ 自动性对于实现高阶思维至关重要，它还能帮助我们
的孩子取得更好的成绩，全面提高学习能力。

◎ 当学习者能够在高自动性的基础上完成任务时，他们
就能以更少的努力做出更快的反应，从而减轻认知
负荷。

◎ 随着孩子从低阶思维向高阶思维发展，学习策略也需
要不断变化。对于低阶思维来说，记忆或重复是关
键；对于高阶思维来说，采用有意识和最优的学习策
略是关键。

在我的竞技游泳生涯中，我遇到过两种类型的游泳教练。
其中一位教练非常专注于训练动作，通过不断的训练来提高我
的有氧运动能力。另一位教练则专注于技术技能的提升，改进
我的泳姿。两位教练的侧重点同样重要，并最终促进了我的全
面提升。对于我们的孩子来说，排练和重复低水平技能就是增
强耐力的"有氧运动"，而阐释和其他控制策略则有助于发展
较高水平的技能。我们的孩子既需要核心的基本练习来增强学
习方面的耐力，也需要对如何成为更好的学习者的技术性有所
理解。

正如任何技能的发展一样，要想达到低阶思维和高阶思维
所需的自动化水平，需要付出艰苦的努力和进行严格的自律。

仅仅知道该做什么是不够的。你的孩子需要在你的帮助、鼓励和良好示范下应用和采纳这些实践。正如观看 YouTube 上的视频学习如何正确投篮不会立即让你的孩子成为下一个斯蒂芬·库里一样（实际上，你和你的孩子可以观看这些视频 100 次，但仍然无法达到 NBA 投手的水平），知识需要经过数小时的练习才能自动形成记忆。在库里完成了那次著名的半场投篮之后，许多孩子都试图模仿他，认为他们可以自动模仿库里的动作，因为他们看过他的动作。但库里解释说，他"一直在练习"[21] 这项技能。经过多年的练习，这对他来说已经成为一种自动行为。

只要坚持不懈地运用"父母参与循环"，培养孩子对获取知识的兴趣，本书中介绍的学习方法就有可能在孩子的头脑中根深蒂固，甚至成为自动行为。你的孩子将开始从"被要求学习"转变为"看到学习的价值"，因为他们从内心深处受到启发，渴望对周围的世界有一个新的认识。随着采用与内在动机相关的技能组合，你的孩子将产生一种终身热爱学习的情愫。随着学习成为自我驱动的过程，它还将带来额外的好处，即学习将更加持久，换句话说，它将在孩子的记忆中停留更长时间。随着自动学习技能的增强，内在动机不可避免地会增加，一个循环随之发生。这还将使你的孩子更容易达到"理想（心流）的学习状态"，我们将在下一节中详细讨论这个概念。

行动计划

◎ 你对低阶思维自动化的价值有了新的认识，那么，你将采取哪些做法来帮助孩子打下坚实的学习基础呢？请写下你帮助孩子掌握基本技能的一些相关想法。

◎ 有时，让孩子自动掌握低阶思维所需的练习可能会让他们感到乏味。请帮助孩子看到更大的图景以保持他们的积极性。例如，提醒他们，掌握乘法问题是为了有一天能成功地进行令人兴奋的化学实验。

心流的状态

《凶猛的习惯》（*The Habit of Ferocity*）的作者史蒂芬·科特勒（Steven Kotler）广泛研究了是什么使"特立独行的创新者把科幻小说中的想法变成科学技术现实"[22]。为了揭示一些人如何能够完成别人认为不可能完成的事情，并从本质上把未来变成现实，他研究了拉里·佩奇（Larry Page）、杰夫·贝佐斯（Jeff Bezos）和埃隆·马斯克（Elon Musk）等新贵企业家是如何在近乎创纪录的时间内建立起改变世界的企业的。他研究了一些小型团队和个人的工作，这些团队和个人致力于应对全球性的重大挑战（如贫困、医疗保健、能源短缺或水资源短缺等问题），而这些问题在过去只有大型企业才能解决。他在所有这些领域发现了一个共同的标志性线索：心流的状态。"心流"是这些人感觉最好并能发挥最佳水平的时刻。科特勒将心流进一步定义为"全神贯注、全身心投入的专注时刻"。当你全神贯注于手头的任务时，其他一切都会消失。

米哈里·契克森米哈赖（Mihaly Csikszentmihalyi）在其著作《心流：最优体验心理学》（*Flow: The Psychology of Optimal Experience*）[23]中推广了"心流状态"的概念。他创造了"心流"一词，用来描述一种以最佳表现为特征的心理状态。他对这个概念的兴趣始于他在芝加哥大学攻读研究生期间的神奇发现。他记得自己曾观察过一些艺术家，他们在工作室里全神贯注地工作，似乎与其他一切都失去了联系，这让他感到非常好奇。他对他们完成作品后的情况感到惊讶："他们完成一幅作品后，不是欣赏它……而是把它贴在墙上，然后开始画新的画，他们对完成的画并不感兴趣。"[24]契克森米哈赖观察到，这些艺术家的创作动力并不是他们作品的最终成品，而是他们在创作过程中完全沉浸其中、全神贯注的体验。

当孩子进入学习心流状态时，他们会完全沉浸在对新技能或新概念的探索中，体验到了一种高度的专注和参与感。这个过程中没有压力或焦虑，他们不会分心，只是享受学习的节奏。在学习心流的状态下，孩子同时具有高效的智力、积极性、驱动力和幸福感（这种幸福感很可能来自于他们在学业上取得的进步）。听起来很适合我们的孩子，不是吗？

阿蒂姆表示，在执行需要全神贯注的艰难任务时，心流状态对他来说是绝对必要的。如果在工作时没有处于心流状态，他可能会分心，半途而废，或者永远完成不了任务。例如，如果他在编写一个新的实验程序时没有进入心流状态，那么新实验的编码工作就无法进行。实验需要多个步骤，每个步骤都在不同的分节中编码。改变一个分节的参数，可能对其他分节有效，也可能无效。他必须时刻牢记所有出错的可能性，同时还要考虑如何对每项新功能进行编码。数据分析也是如此。如果他要分析的新数据集存在一些失真、缺失数据或编码错误的变量，他就需要清理和转换数据集，并牢记数据集需要根据测试的风格保留何种格式。

有研究发现，能够在工作或学习中达到心流状态的学习者在学校里会取得更高的成绩。某项研究调查了学生的学习成绩与其在完成研究论文时的心流状态之间的关系。[25] 结果发现，在学习过程中达到心流状态的学生，论文成绩更高。事实上，进入心流状态的学生，成绩有显著提高。

有趣的是，一个人对心流的感觉可以因成功而加强，也可以因失败而受阻，高度焦虑实际上会降低一个人达到心流状态的能力。[26] 积极性（一个人对自己和自己实现目标能力的积极评价）和人们达到心流状态的能力之间也有很强的关系。当心流状态带来生产力时，这可以激励人们继续工作下去，还可以增加项目完成的可能性。但是，如果在寻找解决方案的过程中遇到的挑战和困难导致工作没有进展，那么，保持心流状态就会变得更加困难。

研究回顾

◎ 事实证明，在学习过程中达到心流状态可以提高学习成绩。

◎ 一个孩子对自己成功的自信程度与其实现目标的可能性密切相关。

由于学习心流状态预示着更高的成绩，我们可以推断，达到这种状态的学习者将拥有更高的自我意识和自我效能感，或者对自己的成功能力有着更强的信念。因此，一个令人惊叹的积极循环就此形成。学习者拥有的心流体验越多，他们的自我效能感就会越强，学习成果也会越好。随着学习者的 GPA 不断提高，他们将更有动力去学习。一旦形成心流循环，该循环越持久，达到心流状态的次数就越多。但请记住，反之亦然。如果学习者拥有较少的心流体验，成绩可能会下降，他们努力学习的积极性也会随之降低。作为家长，我们的职责是尽我们所能帮助孩子在学习过程中获得这种最佳体验。我们的孩子能够达到心流状态的次数越多，他们的整体学习效果就会越显著。以下是我们可以帮助孩子进入学习心流状态的一些方法：

1. 消除干扰因素

根据契克森米哈赖的《心流：最优体验心理学》一书，如果手头的任务需要在混乱或嘈杂的学习环境中争夺注意力，那么任务完成者就不可能达到心流状态。电视、智能手机、电脑、音乐或其他分散注意力的声音等因素会阻止学习者进入心流状态。只需消除这些干扰因素，就能促进学习者集中精力学习。如果无法完全避免噪声，学习者可以考虑使用降噪耳机。

2. 设定明确的目标

契克森米哈赖继续分享了明确的目标对于达到心流状态和提高学习动机的关键作用。当学习者清楚地知道自己要完成的任务以及达到目标所需的过程已被分解为可实现的多个小里程碑时，他们会更有动力投入其中并开始行动。一旦他们看到自己取得了进步，他们就会受到鼓励，选择继续前进，并更有可能在前进的道路上达到心流状态。

3. 发掘内在兴趣

当学习者处于心流状态时，他们的动机完全是内在的，不需要外在的奖励来让他们继续学习或保持专注。他们会通过自己的主动性以及对深度学习和进一步探索的渴望，全身心地投入到学习过程当中。有鉴于此，我们可以通过鼓励学习者追求他们天生的兴趣来帮助他们获得心流状态的学习体验。他们对某一主题的兴趣很可能只会随着他们对该主题了解的加深而增长。如果你正在教授的内容并不会自动引起学习者的内在兴趣，那就想办法将该主题与能够激发学习者内在动机的某些事物联系起来。

4. 确定合适的挑战水平

当学习者的技能与手头的任务匹配得恰到好处，或者当学习者觉得自己完全有能力处理面前的项目或课题时，他们就最容易达到心流状态。契克森米哈赖指出："当一个人的技能完全投入到应对一个刚好可控的挑战时，心流现象就会出现，它会像磁铁一样吸引人们学习新技能和接受更大的挑战。"换句话说，重要的是要将我们的任务保持在最佳难度水平上。如果学习者觉得任务太简单，可以通过逐渐增加难度来达到心流状态，或者学习新的技能来应对极具挑战性的任务。

5. 强调控制力

提醒孩子，他们有能力达到心流状态，并学好眼前的科目。孩子在学习过程中难免会遇到困难，但在我们的支持和温馨提示下，他们会通过坚持不懈的努力获得成功。当涉及他们自己的学习时，他们需要不断得到鼓励和支持，尤其是当他们自己掌控局面的时候。

6. 保持学习劲头

达到学习心流状态需要学习劲头。换句话说，不要指望一开始学习就能立即进入学习心流状态。人们通常需要 15~20 分钟的专注工作才能进入心流状态，这种状态可以持续 30 分钟到几个小时。我们还可以努力创造一种环境，让所有这些因素协同作用，使学习劲头一直持续下去。

我们已经在"学习树"的树干部分阐释了有效学习策略的关键要素，包括动机、信念和优化。接下来，我们将在此基础上进行扩展，并将重点转移到能够帮助我们的孩子更成功、更频繁地进入学习心流状态的学习策略上。

行动计划

◎ 你在学习或工作中亲身经历过心流状态吗？当你帮助孩子理解学习心流状态时，可以考虑一下，与他们分享你的个人经历，从而说明"心流"的状态和感觉是什么样的。

◎ 当学习者具有内在动机、高度的控制信念或拥有与他们正在进行的任务相匹配的技能时，最容易进入心流状态。你可以考虑一下，你的孩子对哪些科目有内在的学习动机？鼓励他们学习这些科目，同时强化心流状态发生的条件。

◎ 鼓励你的孩子全身心投入到沉浸式学习体验中。防止和消除可能出现的干扰因素。创造一个有利的学习环境，让孩子觉得"时间在繁忙的学习中不知不觉已悄然而逝"。

超级聪明的学习者（父母版）

揭秘培养孩子学业成功的原则和策略

第三部分

学习策略管理

——"学习树"的树枝

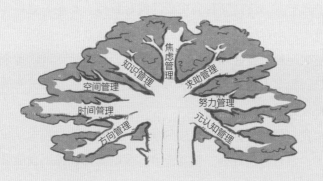

学习策略管理简介

几年前，我设定了一个目标，要让自己变得更加健康。我知道，我需要一个巨大的挑战来激励自己并保持动力，于是，我把目光投向了横渡英吉利海峡。我知道，这样一个超大规模的项目——在寒冷的开放水域练习游泳超过 18 英里（1 英里 = 1.61 千米）——将帮助我实现我的健身目标。我意识到我必须每周投入数小时练习，花更多的时间与游泳教练一起训练，并在途中掌握新的技能和技巧。我认识到，常常运动可以带来健康益处，我本人也非常喜欢学习新事物，因此，我对眼前的艰巨任务乐此不疲。

在我多年的教育工作和鼓励学生追逐梦想的过程中，我认识到了设定目标的好处。就我而言，我的游泳训练不仅能帮助我达到更高的体能水平，而且，我为了完成这样的壮举而学习和采用的新策略，无论从个人角度还是从运动角度来看，都对我大有裨益。我将在自律和心理素质方面达到新的水平，而这些品质可以在我生活的其他领域中得到应用。

随着孩子的成长和发展，他们也将从为自己设定远大目标的实践中受益。这些目标将对他们提出挑战，并要求他们学习新的技能。在孩子的一生中会出现无穷无尽的学习机会，他们可以选择完成最低要求以勉强度日，也可以选择拥抱这些新体验所能提供的全部内容。作为父母，我们处于一个绝佳的位置，可以打开孩子的眼界，让他们看到学习的潜能。当他们相信自己可以通过勤奋和努力来培养新的才能，并相信自己可以在这个过程中成为更有活力、更有朝气的自己时，他们就会认识到学习新技能的整体价值。他们会发现，这不仅仅是技能本身的问题，而是一种自我挑战，那是他们努力去学习、执行和完成那些艰难的、超出我们舒适区的事情所带来的额外好处。

我们要认识到，我们在生活的某个领域中获得的技能在另一个领域中也会有价值，这可能是我们需要学习的重要一课。我们都希望孩子拥有使他们成为更强大、更有能力的成年人的态度和特质，比如，能够与他人良好合作、遇到困难不放弃、鼓励身边的人以及保持良好的职业道德。我们可能没有考虑到的是，这些态度和特质可以通过多种方式来培养，而且，一旦培养成功，就可以"移用"到不同的领域。

那么，请考虑一下，在你的孩子同意参加的每一项活动中，他们还学到了哪些其他生活技能？这些技能又是如何"移用"到不同领域的？你在让孩子认识到制订远大目标的价值的同时，也要帮助他们看到追求这些目标将如何促进他们的整体成长和个人发展这样更大的事情发生。引导他们理解学习的价值，以及花在练习或追求新的、具有挑战性的活动上的时间永远不会被浪费。从这个角度看，即使你花了很多时间帮助孩子培养某项技能（比如游泳），如果他们在以后的生活中（上大学或成年后）放弃了这项技能，你也可以认为这段时间花得很值。更重要的目标是让他们培养对学习的热爱，让他们相信自己可以向上成长，推动他们尝试新事物，并帮助他们掌握有价值的生活技能，而这些技能可以"移用"到他们生活的其他领域。

在接下来的章节中，我们将介绍学习策略管理的八个领域，包括方向管理、时间管理、空间管理、知识管理、焦虑管理、求助管理、努力管理和元认知管理。如果家长认识到如何将这些策略与孩子生活的各个领域联系起来并加以应用，让他们看到这些策略在他们的整体进步和发展中的适用性，这将对他们的成长很有帮助。虽然每种策略都有其特定的目的，但它们之间也相互支持、相互联系。经常运用这些策略将有助于他们在学业、体育和艺术方面的发展。

虽然每一种策略对于你的孩子成为超级聪明的学习者的发展都具有独特的重要性，但成功的关键在于你能否帮助他根据眼前的机会确定使用哪种策略。在介绍这些策略时，我们会（基于研究）根据实际情况和孩子的独特需求，就如何取得最佳效果提出建议。我们将在下文中详细介绍的研究表明，这些学习策略中的每一种单独使用时，都无法带来更高的 GPA，但如果同时使用，就会产生显著的效果。综合考虑所有这些策略，让它们共同发挥作用，这一点很重要。

每个孩子的学习过程都有其独特性，你必须将这点牢记于心。对于我们提出的所有观点，请你务必记住一点，即每个孩子都是独一无二的。只有通过反复试验，你才能真正确定哪种方法对你的孩子最有效。同样，如果你有多个孩子，相同的策略并非对每个孩子都适用。我们的统计数据和研究可以为你提供指导，但我们鼓励你不要忽视自己对孩子的真实了解。为了达到最佳效果，请将你敏锐的父母直觉与我们推荐的学习策略相结合，这样才能对你家的那个独特的小孩最有帮助。

为了帮助你消化和更好地理解这八种策略，我们根据它们在学习过程中的作用，将它们分为三组：

- **学前学习**。这将在第七章至第九章以及第十四章中讨论，涵盖了方向管理、时间管理、空间管理和元认知管理。在这里，我们将探讨如何帮助你的孩子培养能为成功奠定基础的技能。

- **学中学习**。这将在第十章至第十四章中介绍，囊括了知识管理、焦虑管理、求助管理、努力管理和元认知管理。在这里，我们将探讨能够在学习过程中提高学习效果的技能。

- **学后学习**。这将在第十四章中阐释，介绍了元认知管理。在这里，我们将讨论你的孩子如何反思自己的学习过程，并做出调整以改进学习效果。

他们将体验到认知负荷的降低、自动性的提高以及学习过程中更经常出现的学习心流状态。结果，他们将成为更强大的学生，更有能力进行更高层次的学习。你的孩子将获得更好的考试成绩，保持更高的 GPA，并以更快的速度学习更多的知识。

虽然这一切都非常令人兴奋，但不要期待立竿见影的效果。培养良好的学习技能和掌握有效的学习策略需要时间。请看这样一个故事：一个男孩看到了一个毛毛虫的茧，他带着孩子般的天真，以为自己可以加速毛毛虫的蜕变。他在茧上戳来戳去，以为毛毛虫需要的只是有人来帮它一把。实际上，毛毛虫最需要的是时间和自然蜕变的机会（见图 3-1）。[1]

图 3-1 破茧而出的蝴蝶

同样，在很多情况下，你也不能强行或违反规律地推进孩子的学习发展。给你的孩子成长的时间和空间。在此过程中，你要记住，只要你的孩子坚持不懈地努力发展这些技能，他们的努力就会随着时间的推移而得到回报。只要有耐心并经常练习，你们就能获得预期的效果。记住这一点，让我们开始讨论第一种策略——方向管理。

第七章　方向管理

　　我们这些在互联网和智能手机时代之前当过司机的人，一定还记得在出发前往一个新的目的地之前研究纸质地图或规划路线的情景。如果我们想知道如何到达某个地方，我们需要明确的方向，一步一步地记下该在哪里转弯，要找什么路边标记，以及预估到达那里需要多长时间。

　　2005 年，这一切发生了变化。谷歌地图作为帮助人们"从 A 点到 B 点"的新导航问世了。[1] 如今，只要粗略地看一眼手机上的地图，我们就能确定行程所需时间、预计交通情况，以及到达目的地的大概时间。我们的出行方式已经发生了不可逆转的改变。

　　虽然我们获取方向指示的方式可能已经改变，但我们对可靠地图和详细驾驶指南的依赖从未消退。我们现在更依赖手机提供给我们的指引，但如果我们开车经过信号盲区或手机没电了，我们还是希望有一张备用的纸质地图在手边。现实是，如果没有良好的方向指引（无论是数字的还是模拟的），我们都会迷失方向。

同样，每个孩子在踏上学习之旅时都需要清楚地知道自己的目标和方向。孩子为自己的学习设定具体且可量化的目标的能力，就是我们所说的"方向管理"。他们设定良好且有意义的目标的能力将决定他们实现这些目标的成功程度。如果没有良好的方向管理（包括心中有一个明确的目的地和一份详细的实现目标的步骤清单），他们可能会失去动力，迷失方向，或者在完成目标之前就放弃了。

我报名参加了一场六英里（1 英里 =1.61 千米）长的公开水域游泳比赛，作为参加横渡英吉利海峡训练的一部分。"瞄准技能"或保持对前进方向的跟踪能力对于公开水域游泳来说很重要。没有泳池里的泳道和标志，人们很容易迷失方向并朝错误的方向前进。此外，我之前的训练尚未让我掌握这项技能。但幸运的是，这场比赛的组织者承诺为每位参赛者配备一名向导。虽然这将是一个巨大的挑战，但有一个同伴陪我游泳，让我不会偏航，这让我倍感欣慰。

比赛前一天的晚上下了一场大暴雨，当我到达起点线时，我看到所有应该标示路径的标志和浮标都被强风吹得移位了。更糟糕的是，说好的向导也不见了踪影，没人出来给我们一个解释。我不喜欢退赛，尽管很不情愿，还是决定继续参加比赛。不幸的是，随着比赛的进行，在没有标记或向导指引的情况下，我发现自己只能在原地转圈。我因为拐错了弯而回到了起点。最后，我终于完成了比赛，但排在最后一名，六英里的比赛变成了七英里半。没有明确的方向指示，也没有向导带路，为了完成比赛，我被迫付出了比常人更多的努力。

长距离游泳运动员弗洛伦斯·切德威克（Florence Chadwick）[2]在尝试成为首位从加利福尼亚州的卡特琳娜岛（Catalina Island）游到帕洛斯弗迪斯（Palos Verdes）的女性时，也遇到了类似的困难。在她出发大约15小时后，她遇到了浓雾。她几乎看不到旁边的船只。她又坚持游了1个小时，但她开始气馁了，因为体力不支让她的意志消沉。她还没到达岸边就放弃了。登上救援船之后，她才发现自己距离目的地只有一英里了。她就差那么一点点！第二天的新闻发布会上，弗洛伦斯说：“我只能看到浓雾……我想，如果我能看见海岸，我就能成功了。”

我们的孩子在学习发展方面的情况也是如此。没有目标和路线图的指引，他们很容易偏离方向。相反，如果他们心中有一个明确的目标，就更有可能坚持自己的计划并实现自己的目标。强有力的目标设定是我们“学前学习”讨论的关键部分，因为如果你的孩子有一个明确的目标，他在学业上获得成功的机会就会更大。[3, 4]有研究表明，详细且周密的目标可以提高学习成绩，目标越具体，学生实现目标的可能性就越大。此外，良好的目标设定还能在其他方面间接地帮助学生，例如，当他们看到自己的目标设定能带来更高的成绩时，他们的学习动机和自我效能感也会随之提高。[5]

还有研究指出，要想目标设定取得成效，孩子们需要高度参与这一过程。最好由他们主动设定自己的目标。如果孩子们对自己的目标持有主人翁意识，他们更有可能承担起实现目标所需的责任。这种责任感可以推动他们取得好成绩，并促使他们在学习中投入更多的时间和精力。在下一节中，我们将讨论父母鼓励孩子养成设定目标的良好行为的一些具体方法。

研究回顾

◎ 当学习者写下自己的目标，而且目标写得清楚、详细和明确时，他们就更有可能实现自己的目标，并在学业上取得全面成功。

◎ 一次成功往往会促成更多成功的到来。当学习者看到他们的目标以更高的成绩的形式得到回报时，他们的学习动机和自我效能感也会随之提高。

◎ 学习者必须对自己的目标持有主人翁意识，这样才会承担起责任，为实现目标付出必要的努力。

让我们考虑一下帮助孩子在学习过程中集中精力和明确目标的三个具体方法。

1. 设定目标框架

设是目标框架是指学习者围绕自己的目标设定参数，使目标更加具体和可量化。孩子需要将目标设定得非常明确和具体，任何模糊不清的地方都会使他们对自己的目标感到困惑。他们还需要设定易于衡量的具体目标。这意味着，与其对孩子说"尽你最大的努力"或"做最好的自己"，不如明确地告诉孩子，当他们尽最大努力的时候是什么样子，或者他们如何才能成为最好的自己。如果目标不够具体，那就很难衡量。如果目标是获得 A+ 或 B-，这就是可衡量的具体目标，可以帮助孩子清楚地知道他们瞄准的是什么。

在设定目标框架时，要记住，设定目标的方法不止一种，而且使用的方法可能改变结果。例如，当我使用椭圆机进行锻炼时，根据设定的目标不同，我会获得不同的结果。有时候，我会设定"锻炼一小时"的时间目标；有时候，我会设定距离目标或体力目标。当我的目标是在特定时间内坚持锻炼时，我锻炼的最终距离可能会缩短，因为我可能会在疲惫时放慢速度。与此相反，当我试图达到一个特定的距离时，我可能会在较短的时间内实现目标，因为我知道，如果我加大力度，我可以更快地达到这个距离。在监测我的心率时，我会根据我想看到的心率上升幅度来优化我的锻炼。在每种情况下，结果都是不同的。

对于我们的孩子来说，了解目标之间的区别很重要。并不是所有的目标都是相同的，他们设定的目标类型可以产生不同的行为和结果。例如，他们可以设定即时目标或未来目标，或者两者的结合。我们的孩子可以设定未来一个月或一年的目标，也可以制订他们想要完成事项的终身目标。一个较大的长期目标可能需要分解成若干个较小的目标，以使总体目标更容易实现。

构建目标并将其划分为易于管理的组成部分的常用技术就

是 S.M.A.R.T. 方法，⁶ 即制定一个具体的（Specific）、可衡量的（Measurable）、可实现的（Achievable）、相关的（Relevant）、有时限的（Time-bound）目标。S.M.A.R.T. 目标概念是由乔治·多兰（George Doran）、亚瑟·米勒（Arthur Miller）和詹姆斯·卡宁汉姆（James Cunningham）在 1981 年发表的一篇名为《用 S.M.A.R.T. 方法写出愿景及管理目标》（*There's a S.M.A.R.T.way to write management goals and objectives*）的论文中提出的。该论文介绍了 S.M.A.R.T. 方法是如何帮助实现教育目标的。

以下是 S.M.A.R.T. 方法帮助实现学习目标的五项标准：

- **具体的**。孩子们对如何获得他们所建议的最终结果制订的计划越具体，他们就越有可能达到目标。回头看看我们关于驾驶路线的故事，司机掌握的细节越多，他们就越有可能在不转错弯或不错过关键地标的情况下到达目的地。如果你知道接下来会发生什么，你就能更好地做好准备。同样，具体而详细的目标将以一种让人感觉更易于管理的方式分解学习过程，同时尽可能让学习者为即将到来的学习做好准备。

- **可衡量的**。如果你的孩子能够切实跟踪自己的进步，那么，即使他在前进的道路上遇到了障碍，也更有可能保持学习的动力。可衡量的目标可以帮助孩子记住自己的起点，并确定自己取得了多大的进步。制订一个更大的目标时，拥有较小的衡量进步的标准会很有帮助，这些标准既能助孩子达成更大的目标，也能让他们清晰地知道何时已完全实现该目标。

- **可实现的**。如果一个目标让人感觉不可能实现，这会对孩子产生负面影响，让他们感到沮丧，从而失去动力。相反，一个太容易实现的梦想或计划也会缺乏效能。在目标中找到一个恰到好处的平衡点，既能充分挑战我们的孩子，让他们觉得必须努力才能看到成果，又不会让他们感到气馁或不堪重负。

- **相关的**。这里的关键是让孩子感觉到他们的目标是重要的、需要的，尤其是对他们自己而言。他们需要感知到他们正在努力实现的目标的价值，并对自己的努力产生一种使命感。

- **有时限的**。为目标的完成设定一个合理的时间框架是很有帮助的。许多孩子都是在有了明确的期望、知道自己要花多长时间才能完成一个过程中的每一个步骤、对自己的项目完成时间有一个乐观的估计时，才会茁壮成长。如果没有明确的目标终点，任何人（尤其是孩子）都可能失去继续前进的动力。

只要确保目标符合上述五项标准之一，孩子就更有可能拥有实现目标所需的专注力、动力和明确性。对我们的孩子来说，他们的目标可以成为他们急需的动力源泉，让他们继续努力并走向成功。

2. 计划

计划指的是实现目标的路线图。它是一个步骤大纲，告诉你的孩子如何从现在所处的位置到达他实现目标时要达到的位置。但这不仅仅是一个计划。

在商业世界中，战略计划的制订通常每年进行一次，这涉及公司领导层聚集在一起，共同确定未来愿景以及该组织的目标和目的。同样，孩子们的战略计划应详细列出他们的目标以及他们计划如何实现这些目标，同时也应包括他们对未来想成为什么样的人的愿景。从本质上讲，这可以成为他们明确"为什么"要实现自己确定的目标的机会。在未来的某个时刻，当他们灰心丧气或面临挑战时，很可能是他们心中更宏大的愿景，把他们拉回正轨，让他们保持动力。

3. 定位

定位是指在了解学习者学习过程中的"位置或状态"。它是一个定期的检查点，用于确定学习者与既定目标之间的距离和他们前进的轨迹。例如，家长可能会发现，尽管孩子尽了最大的努力，并且在学习内容的呈现上也做了恰当的安排，但他们仍然在某些数学概念的学习上遇到了困难。定位可以让家长确定可能的原因，比如孩子可能还没有充分掌握某些基础概念，孩子的兴趣因为周末和朋友玩网络游戏而转移，或者孩子因为某些压力而焦虑发作。无论原因何在，家长都必须清楚地了解孩子在学习过程中的位置或状态。

作为家长，我们必须帮助孩子将他们的计划指向那些能够让他们感到更加强大或赋予他们使命感的任务。当他们朝着自己相信的方向努力时，他们会更有动力为计划付出最大的努力，而不太可能放弃。脸书（Facebook）的创始人兼首席执行官马克·扎克伯格（Mark Zuckerberg）曾说，他的公司在早期阶段经历了困难时期，有人鼓励他重新认识他所相信的公司使命。为此，他花了将近一个月的时间四处旅行，"观察人，观察人与人之间如何建立联系"。[7]扎克伯格分享说，他的互动让他捕捉到了一个愿景，即世界上人与人互相联系是多么重要，他认识到脸书可以成为实现这种联系的平台。这一愿景增强了他对自己所从事工作的信念，并帮助他度过了公司的困难时期。

只要你不断地练习定位，它就可以成为你强大的盟友。这将非常有用，特别是在充满不确定因素或纠结挣扎的时期。想想奥运游泳选手迈克尔·菲尔普斯（Michael Phelps）[8]的故事吧。2008年，他在200米比赛中盲游了175米。他的泳镜里充满了水，以至于他什么都看不见，但他还是赢得了金牌，并打破了世界纪录。他的故事说明，只要有正确的定位和明确的目标，就有可能克服最艰难的挫折和不确定因素。

强大的方向管理技能具有显而易见的价值，在这里，我将列出帮助孩子培养这种技能的几个方法。

（1）激发他们的写作兴趣。

亚利桑那大学[9]关于写作重要性的一篇文章称："如果你的写作不够成熟，这可能意味着你的思想也没有完全成熟。"提高写作技巧将有助于改善你对所讨论话题的思考方式，并帮助你与他人进行交流或讨论。"把想法写下来的习惯可以使你的想法更加完整、详细和深刻。写作迫使我们明确自己的想法，并帮助我们考虑计划的细节。正如之前所说，写下来的目标更有可能带来优异的学习成绩。事实上，一个孩子越能有效地用文字表达自己的想法，就越有可能实现学习目标。"

如果你鼓励你的孩子坐下来写下他们的目标和计划，你就为他创造了更大的成功机会。刚开始的时候，尤其是对于年幼的孩子来说，你需要帮助他完成这个过程。你可以阅读他的草稿并提供反馈意见，以此来帮助他更清楚地表达自己的想法。一旦他的目标变成了文字的东西，务必让这些文字记录保存在你们都能记住的地方，以便你的孩子在向目标迈进的过程中随时参考。

（2）确保这是孩子自己的目标。

"成功始于内心"（Success Starts Within）的创始人伊莱·斯特劳（Eli Straw）写道[10]："为我们的生活承担个人责任对我们的成功和整体福祉非常重要。当我们设定目标时，我们就给自己设定了努力的方向。目标是我们自己制订的，这意味着实现目标要靠我们自己努力。"如果孩子要投入精力并保持为目标而努力的动力，就必须对自己的目标持有主人翁意识。

阿蒂姆分享说，当他的儿子上一年级时，老师为每个学生设定了目标。学生们必须签字并同意在本学年内完成这些目标。不幸的是，由于这些目标是老师设定的，他的儿子并不清楚自己同意完成的目标是什么，也从未对这些目标产生过个人的认同感。他只是按照老师的要求去做，但并没有动力把老师定的目标变成自己的目标，只觉得完成任务是一种负担。

缺乏个人情感和主人翁意识的目标注定会失败。当你鼓励孩子设定目标时，一定要确保这些目标是他自己的目标，而不是你的目标。帮助他确定自己感兴趣的学习成就，然后指导他明确有助于实现梦想的小步骤和更大的里程碑。如果这最终是他的梦想，你可以在他挣扎的时候提醒他，并帮助他重新找回实现目标的最初兴趣。

此外，我们从家长那里听到的一个常见问题是如何处理孩子的善变，尤其是当他们难以坚持实现自己设定的目标的时候。基于教育工作者和副校长的经验，普里马尔·迪希隆（Primal Dhillon）[11]认为，自主的目标设定"会让孩子们意识到自己的能动性"。她还指出："主人翁精神会带来参与感。"考虑到这些想法，我将列出帮助孩子坚持实现目标的几个策略：

- **优先级**：支持孩子专注于他们自己认为重要的事情。只要我们的孩子基于他们最看重的东西设定目标，他们就能更自然地倾向于坚持自己的目标。鼓励他们列出最重要的两三件事，将这个事项清单作为设定目标的起点。**帕累托法则**（二八定律）[12]指出，对于许多结果而言，大约80%的后果来自20%的原因。根据这一法则，确定一天、一周或一个月内应完成的20%的工作将对实现80%的目标产生最大的影响。

- **预防**：提前做好计划，帮助孩子识别并预测阻碍他们成功的障碍。讨论他们可以克服或消除障碍的方法。提出诸如"你认为最大的干扰因素是什么"或"你打算如何克服困难"等问题。

- **参与**：与孩子一起建立一个奖励机制。此外，表扬孩子的努力而不是结果，这也很有帮助。你可以说："我觉得你为了实现目标付出了很大的努力。你的努力非常令人振奋！"

迪希隆还鼓励家长以身作则，让孩子明白遵守承诺是什么样子的。如果你给自己设定了一个目标，那就坚持到底。尊重你的任务，就像你想从任务中看到尊重一样。当涉及孩子的目标时，父母本质上可以成为影响的原动力。孩子越小，父母的影响程度就越深。例如，当父母让孩子接触体育运动或业余爱好时，孩子就会有更大的机会发展与这些活动相关的目标。让孩子接触某些人也会产生同样的效果，例如，经常接触有才华的音乐家，就会培养孩子对音乐的兴趣。

（3）鼓励他们制订战略计划和愿景。

正如企业战略计划可以帮助整个企业围绕一个统一的想法和对未来的愿景开展工作，为如何开展合作提供一个框架和明确的指导方针一样，学习战略计划和愿景可以为我们的孩子提供一个界限和具体的路线图，明确实现目标需要做的事情。帮助你的孩子为成为什么样的人设定一个愿景，这将会激发他的内在动机。他将能够明确自己努力的原因，并将更加投身于自己学习的科目。

战略计划需要包括实现长期目标的短期步骤。鼓励你的孩子思考每个步骤的细枝末节，并在计划中加入易于遵循和记忆的细节。短期步骤将为孩子们带来一个个小小的胜利，激发他们的斗志，促使他们取得更多的进步。每个小胜利都值得庆贺，因为正是这些小目标的集结，才会最终促成他们实现更大的终极目标。

阿蒂姆分享说，当学校为他的儿子设定了提高阅读速度和理解能力的目标时，他和儿子一起将这个大目标分解为一些小步骤：

- 他的儿子每天会大声朗读 15 分钟给父母听。这将是他儿子在完成家庭作业之外的额外阅读时光。
- 他的儿子会选择要阅读的书籍，从而确保这是一本他感兴趣的书。
- 他们会坚持这种做法三个月，然后在那个时间段之后重新评估他的阅读流利程度。

他的儿子并不需要有形的奖励来激励自己继续前进，因为有形的奖励可能会把注意力转移到外在动机上。相反，他的儿子因为坚持自己的目标而得到的庆祝就是父母的口头表扬。阿蒂姆和妻子提供了积极的态度和鼓励，指出了儿子在阅读能力上的进步，从而帮助他保持专注。

一个好的战略计划应该是可以量化的，这样可以让孩子们明确知道自己完成了哪个步骤，并为成功设置可跟踪的标记。可衡量的目标具体又清晰，可以帮助孩子们构想他们的终极挑战，同时也确保他们知道自己何时取得了成功。

考虑使用一张清单（见图 3-2）以帮助孩子按照 S.M.A.R.T. 目标设定系统，详细规划其战略计划。使用这样的清单，孩子可以列出他们的计划和相应的行动，以及完成这些行动的具体日期。这将帮助他们为实现目标建立可衡量的里程碑。

S.M.A.R.T. 目标清单

具体的	
可衡量的	
可实现的	
相关的	
有时限的	

图 3-2　S.M.A.R.T. 目标清单

行动计划

◎ 留出时间和你的孩子一起畅想未来。与他分享你对自己和家庭的长期愿景，帮助你的孩子思考他未来的样子。让他憧憬自己想要成为什么样的人，他将了解自己需要设定什么样的目标才能梦想成真。

◎ 花点时间反思你自己设定目标的体验。确定你设定目标并努力实现目标的时间。与你的孩子分享这些故事，鼓励他为自己设定目标。如果你从来没有亲自尝试过设定目标，那么，考虑为你自己和你的孩子设定一个新的目标，这可以成为你俩的共同体验！

第八章 时间管理

如果你曾经去过迪士尼乐园，你就会明白我所说的"这个假期需要大量的计划"是什么意思。虽然对于任何形式的家庭旅行来说，提前做好准备都是必要的，尤其是要带上年幼的孩子，但迪士尼之旅需要一个全新高度的计划。你不仅要想好每天去哪个主题公园，而且，如果你想要玩得尽兴，就必须提前几周报名购买合适的门票，以便在排队时抢先一步。"早起的鸟儿们"想要在迪士尼大门一开就进去，这样就可以在人少的时候在公园里徜徉漫步。想要观看烟花表演的"夜猫子们"需要安排一些时间回房间休息或在泳池边小憩，这样他们的家人才有精力在天黑后返回迪士尼乐园。对于希望从这次经历中获得最佳体验的家庭来说，良好的计划能力和我们乐于称之为"恰当的时间管理"的技巧是必不可少的。

时间管理是一种规划出你想要或需要如何度过一段时间的能力。这固然与周密的旅行计划有关，但在日常生活的日程安排中更常见。如果你想提前规划好一天的工作进度，以便在晚饭前达到某个项目的特定阶段，那就需要你估算一下完成各项任务或活动所需要的时间。

就我们的孩子及其学习体验而言，时间管理意味着有能力估算学习某事物所需的时间。我们的孩子必须掌握这项技能，以便确定如何充分利用一系列的学习时间或计算完成家庭作业所需的时间。在规划学习课程时，他们需要考虑在一个特定的学习时段内掌握多少新信息、想要深入研究哪个话题以及如何管理自己的时间，以便为下一次考试或撰写论文做好充分准备。

当异步学习成为家庭教育的必要组成部分时，许多在新冠疫情期间经历过在线教育的孩子强烈地感受到了时间管理的必要性。没有了学校的有序安排，这些学生需要自己管理一部分学习时间，并期望在某个截止日期前完成并上交作业。对于许多家庭来说，这是一次全新的、具有挑战性的体验，因此有必要比以前更加注重建立良好的家庭时间管理模式。

尽管我们已经度过了那段短暂且充满不确定性的居家学习时期，但在那段时间里学到的许多经验教训仍然伴随着我们，其中包括建立良好的时间管理节奏的价值。相关研究结果也表明良好的时间管理具有很高的价值。布里顿（Britton）和泰瑟（Tesser）的一项研究[1]发现，良好的时间管理技能比 SAT 考试成绩更能预测学生的长期学业成功与否。虽然衡量能力的测试往往是成功的有力预测因素，但这项研究表明，当学习者决定如何以富有成效的方式管理自己的时间时，他们仍然可以在学业上取得领先地位，因为一节课接着一节课的刻苦学习会产生积极的累积效应。这就是我们在策略讨论的"学前学习"部分列出"时间管理"的原因之一，因为培养时间管理技能肯定会为孩子未来的学业成功奠定基础。

瓦莱（Valle）的另外两项研究 [2, 3] 考虑了时间管理是如何影响学习成绩的。第一项研究发现，学习者的学习成绩与他们完成的家庭作业数量呈正相关。孩子完成的家庭作业越多，他们的 GPA 就越高。深入研究一下这个观点，我们会发现，学习者在做作业时越善于规划、越高效管理自己的时间（这样，学习者在做作业时就会以目标为导向，而不会因分心而偏离目标），他们就能完成越多的作业。这种有规律且有成效的学习时间会提高学生的 GPA。

瓦莱的第二项研究发现，无论是学习速度快的学生，还是勤奋刻苦的学生，只要运用了良好的时间管理技能，就都能取得更高的学习成绩。该研究得出的结论是，如果一个孩子需要更多的时间来学习，以便完全掌握一门学科，而他又具备了良好的时间管理技能（也就是说，他能够挤出时间来进行更有成效的学习），这又会帮助他取得更好的成绩。这些学习者能够根据自己的学习需求去合理安排时间，从而实现自己的目标。

从这些研究中我们可以清楚地看到，如何有效地利用学习时间对孩子来说是多么重要，但时间管理的另一个关键方面（休息时间）也不容忽视。对于所有年龄段的学习者来说，学习课程之间的休息和恢复时间与学习时间本身一样重要。特别是对于长期记忆和记忆保持来说，学习者的大脑需要有机会暂停、反思和评估一个新的想法，然后才能完全吸收这个想法。鉴于此，我们认为时间管理的"3R"原则可以带来最佳的学习体验。

1. 常规（Routine）

良好的时间管理并不总是等同于花更多的时间学习。相反，如果建立了良好的学习常规，每节课的学习都能带来更好的成绩。如果创建了集中而有规律的学习时间模式，孩子就会更加熟悉完成一项学习任务所需的时间，从而更好地管理自己的时间。

此外，建立常规还涉及学习者对如何完成一项活动保持良好的节奏感。例如，在接受公开水域游泳训练时，我的一位教练教导我说，即使在我努力专注于手臂动作时，也要确保我的双腿一直在动。她提到，保持一种节奏，不管是两拍、四拍还是六拍，都能帮助我形成肌肉记忆，确保双腿不断踢动。这几乎就像是我在练习游泳技术时播放背景音乐一样。

学习常规对孩子的影响，就像我的腿部运动对我游泳的影响一样。因此，我鼓励你们监督和鼓励孩子，并向他们解释建立学习常规的重要性。当他们走捷径时，比如，翘课或缩短学习时间，或者尝试更快但效率较低的学习策略，学习常规可以帮助他们回到正轨。一方面，学习常规减少了孩子们是否要继续学习的内心挣扎，反过来，孩子们对学习常规的执着将使他们在实现目标的道路上一往无前。

2. 反思（Reflection）

我们常常为了赶进度而匆匆忙忙地做完一件又一件事。但是，如果我们想让我们的孩子体验深刻且持久的学习，他们将需要时间停下来，思考他们的大脑正在接受的一切。只有经过一段时间的反思，他们才能真正留意一场科学实验的复杂性，或者好奇一本新书的展开方式。

如果没有你的鼓励，这些反思时间可能不会出现，因此要为孩子的反思留出时间和空间。请向孩子提出有关新信息的问题，引发他们对刚学到的知识的思考。请尽量保持对话式的讨论，不要让孩子觉得这是正式的问答环节。请与孩子们讨论新想法的优缺点，或者提出对该主题的不同意见来鼓励他们进行批判性思考。请鼓励孩子们写下他们对新学的课题的想法和感受。你的引导将为孩子今后如何反思自己树立榜样。

3. 休息（Rest）

发育中的年轻大脑需要时间来处理一天中学到的东西。睡眠为孩子提供了必要的空间和时间，使他们能够消化所学内容，并为下一堂课补充能量。此外，保持睡眠规律可以让大脑有时间休息和处理他们刚刚看到和听到的东西，从而降低孩子的认知负荷。

大量的研究已经证明了休息良好的大脑和学习成绩之间的联系。比如，库尔西奥（Curcio）的一项研究[4]对高中生的睡眠模式和他们在白天的表现进行了调查，发现成绩好的学生总睡眠时间更长，在上学日晚上睡觉时间更早。又如，斯蒂芬斯多蒂尔（Stefansdottir）的一项研究[5]表明，不稳定的睡眠时间对考试成绩有着负面影响。同样的负面影响也存在于晚睡的学生身上，他们睡得越晚，成绩就越差。再如，施奥安（Seoane）的一项研究[6]也有类似的发现。睡眠质量差和白天嗜睡对学生的学习成绩有着负面影响。

值得注意的是，休息并不仅仅与睡眠有关。事实上，有些研究[7, 8]强调了我们的身体在学习期间休息的其他几种有价值的方式，包括精神休息或短暂的活动。从学习中抽出 20 分钟的自由休息时间，可以让学生在之后的学习中更加严谨。事实证明，在休息的同时进行体育锻炼和放松活动，可以提高学习的严谨性，减少日后的疲劳感。

从这些研究中得到的重要启示是，良好的睡眠习惯、持续的精神休息时间甚至是体育锻炼时间，对我们的孩子来说都是至关重要的。正如我们之前说过的，首先，你的示范作用是关键。让你的孩子看看你是如何优先考虑睡眠、暂时停下来休息一下，以及如何在工作之余放松精神的。他们会更愿意效仿你的做法。

研究回顾

◎ 良好的时间管理会带来更高的学习成绩。事实上，良好的时间管理技能可以更好地预测长期的学业成功，甚至比 SAT 分数更有说服力。

◎ 更好的规划和更有效的作业时间管理会带来更高的 GPA。

◎ 有规律的休息会提高学习效率。对我们的孩子来说，良好的睡眠习惯、精神休息时间和体育锻炼时间是必不可少的。

为了帮助你的孩子理解良好的时间管理的价值，与他们讨论权衡取舍的问题可能会有所帮助。当他们选择用一种方式来消磨时间时，这就使他们无法做其他事情。他们的选择最终取决于他们看重的是什么。对他们来说，更重要的活动将优先于他们认为不那么重要的活动。他们必须清楚地认识到自己学业的重要性（这很可能是基于我们在上一章中讨论过的目标设定），从而确定学习时间的优先次序。如果他们的价值观与目标一致，他们会更愿意以一种能够实现目标的方式来安排自己的时间。

NBA 篮球运动员雷·阿伦（Ray Allen）就是一个很好的例子，他的故事告诉我们，为了实现目标而优先考虑良好且富有成效的学习常规是多么有价值。阿伦被公认为史上伟大的三分球投手之一（在我看来，仅次于斯蒂芬·库里），他认为坚持日常训练是他成功的秘诀。阿伦分享说："有无数个早晨，我在冰天雪地的密尔沃基醒来，前一晚的比赛让我的背还在隐隐作痛，我问自己'为什么不就在这一次给自己放个假，在床上多躺一个小时呢？'有什么害处呢？没有人会知道。只有我自己知道，如果我跳过这一次训练，我可能也会略过下一次训练，再下一次，到了第四节比赛，也就是我的球队最需要我的时候，我很快就会感觉到差别，而我的双腿也不会像往常那样收放自如了。因为失误而错失罚球或跳投是一回事，这种情况时有发生。因为没有付出努力而失误是另一回事。这种情况绝不应该发生。"[9]

当然，像我们所有人一样，阿伦也有想要跳过日常练习的时候。虽然我们都需要休息和放松，但我们的孩子必须学会区分良好的休息与拖延或找借口之间的区别。当他们要实现一个大目标时，就需要克服动力不足的问题。良好的常规练习可以帮助他们做到这一点。就阿伦而言，他有一个让他保持专注的伟大目标。他想成为一名出色的篮球运动员，而且他知道，为了在球队最需要他的时候成功地为球队效力，他不能在训练上松懈、偷懒。他的目标帮助他优先安排他的时间和常规练习，即使面对诱人的替代方案（比如睡懒觉）也不例外。

阻碍学习者进行良好的时间管理的一个常见问题就是拖延（见图 3-3）。

图 3-3　拖延的人迟迟不行动

拖延是我们应该帮助孩子尽可能避免养成的一种习惯。说到拖延，也有一些细微的差别值得注意。有一项研究[10]，调查了学生在完成一篇研究论文时的学习成绩、拖延和学习效率之间的关系。该研究没有发现拖延与学习心流之间的联系。几乎所有学生，无论是达到了学习心流状态的学生还是没达到的学生，都在论文截止日期前两天才开始工作。但该研究确实提出了两种拖延的概念：被动拖延和主动拖延。虽然大多数学生都是一开始就拖延，但仍有一些学生达到了游刃有余的心流状态，并因此获得了较高的论文成绩。这些学生属于"主动拖延"。他们等到最后一刻才开始工作，反而会激发他们更加努力工作，并利用肾上腺素进入更好的状态，从而出色地完成了任务。那些"被动拖延"的学生在完成项目的有限时间内陷入了瘫痪和僵局。因此，他们在压力下表现不佳。

请记住，尽管这些主动拖延者仍然取得了好成绩，但这并不意味着应该提倡等到最后一刻才开始学习。正如我们在"优化"章节中强调的，由于近因效应的存在，临时抱佛脚可能会奏效，但不能保证长期的、持续的学习。鼓励你的孩子赶在截止日期到来之前，每天一点一点地完成即将交付的项目，从而避免在最后一刻临时抱佛脚。即使主动拖延可能会导致一次性的好成绩，但不能保证长期的、高质量的学习。相反，勤奋的、持续的努力会让他们以冷静思考的方式完成项目，并带来更积极的整体学习体验。

鉴于我们已经讨论过良好时间管理的重要性，以下是一些实用的方法，可以帮助孩子在这个方面建立更好的学习常规：

- **时间管理需要自律。**就像我们在本书中讨论的大多数观点一样，通过我们在自律、常规和明智的时间管理方面的榜样，我们可以向孩子最好地展示这一理念。如果我们自己没有表现出这些品质，我们就不能指望孩子自律。一旦我们建立了自己的日常规律，我们就可以敦促我们的孩子也坚持他们的日常规律。

  虽然，作为父母，我们可以在这方面提供很多指导和影响，但最终我们的孩子必须培养一种个人的纪律意识，为日后我们不在他们身边做好准备，以便确保他们坚持自己的学习常规和时间管理实践。有了日常规律、实践和奉献精神，我们的孩子最终会养成他们自己的自律意识。

- **确定优先次序是关键。**首先，我们要清楚地了解什么是最重要的，这一点至关重要。否则，我们就很有可能因为时间过长而无法明确优先事项，导致目标无法实现。为了确定正确的优先顺序，我们要从最终目标开始（你的孩子正在努力实现的目标是什么），然后再往回推理。为实现更大的目标制订一套短期的优先事项。鼓励你的孩子制定一个他们可以遵循的每日待办事项清单，将短期日程安排放在首位。帮助他们建立日常目标，从而推进长期目标的实现。帮助他们确定每周结束时应该完成的任务，这将使他们对此时此地需要完成的任务有一个清晰的计划。

- **认识到你需要权衡取舍。**时间是有限的资源。和你的孩子讨论，如果他留出时间做一件事，这意味着他决定不做其他事情。家长可以以身作则，在为孩子安排多少活动方面提供帮助。如果你抱着让孩子成为艺术大师、运动员和学者的心态，那就很容易给他安排过多的学习时间。

在被"什么都要做一点"的需求困住之前，请退后一步，考虑一下你管理自己的时间和孩子的时间的原则和前提。记住，如果他超负荷学习，就没有时间休息。此外，你还要牢记他的目标，帮助他选择有助于实现这些目标的活动，这样他就不会偏离目标。帮助他在每天有限的时间里挑选合适的活动。这样，你将引导他以更明智的方式利用时间。

- **确定何时以及如何进行良好的时间管理。**确定一天中学习的最佳时间是很重要的，这要基于你的孩子什么时候学习效果最佳。注意他是在早上还是晚上学习效果最好，考虑他什么时候最疲惫，什么时候大脑似乎活跃起来了。在这方面，父母可以提供很大的帮助，尤其是在孩子还小的时候。

  同样重要且有益的是，要找到一周中最适合学习的一天。例如，我上小学时，总是确保周六上午可以赶完下周一到周五的功课。这是我进行预习的黄金时间，我们将在后续章节中讨论这个话题。腾出最佳学习时间是智慧学习的最有效的策略。

父母的良好示范和指导对孩子努力建立自己的时间管理方法至关重要。高效利用学习时间往往不是孩子们天生就具备的技能。他们需要我们的指导来发展这项非常重要的技能。尤其是在他们还小的时候，我们的投入是必不可少的。如果他们能尽早建立起这样的模式，该模式就更有可能成为一种固定的、持续的生活习惯。

行动计划

◎ 留出一些时间来思考你目前的时间管理实践，并找出改进的机会。在考虑如何帮助孩子之前，权衡一下自己在时间管理方面的情况如何，并努力做出必要的改进。

◎ 有效的时间管理的价值通常只有在事后才得以充分体现。当你注意到你的孩子在运用有效的时间管理策略时，请让他知道他做到了，并指出他高效利用时间带来的积极结果。同样，如果你注意到你的孩子有不良的时间管理习惯，帮助他反思那些可以改变的不良习惯。

第九章 空间管理

在上小学和中学的时候，我养成的最有价值的习惯就是有意识地规划我的学习环境。我发现，如果我在周六上午留出时间为即将到来的一周做准备，我的头脑就会感觉更有条理，也更愿意学习。我的准备工作大致如下：我会清理桌子或书桌上前一周堆积的杂物，将日后需要再次参考的文件归档，扔掉不再需要的文件或其他物品。我会确保需要在接下来的一周使用的书本已拿出，并放在了容易拿到的地方。我会削尖铅笔。这些做法为我在每周六上午做我喜欢做的事情——提前预习——做好了准备，为下周老师要讲的课程做好了准备。请注意，提前预习指的是一种特定的学习策略，本书第十章将对此进行详细讨论。

我很幸运，我的父母尊重我对专用学习空间的需求。此外，我们家有足够的空间让我拥有一个专门的学习区域。我的书本有地方放，学习用品齐全，环境安静，光线充足。

相比之下，我的妻子告诉我，在她的成长过程中，总是很难营造一个有利于学习的环境。她的家里经常很吵闹，有很多干扰因素，而且，她和几个哥哥共用一个房间，很难找到一个完全属于自己的空间。这使她几乎无法找到安静思考和集中精力学习的时间，而这对孩子吸收和思考所学知识的能力至关重要。事实上，她能坚持学习，就已经是个奇迹了！结果是，她在小学和中学的学习过程中举步维艰。

当一个人经常分心时，他就很难学习知识和记住这些知识。对于我的妻子来说，直到她上了大学，攻读了研究生课程，她的学业才开始蒸蒸日上。我相信这并不是巧合，因为她终于有了自己的学习空间，分心的情况少之又少。她最终成为一名出色的幼儿教育工作者。

确保给孩子一个有利于学习的环境（见图3-4）是"智慧

图 3-4　良好的学习空间

学习计划"采用的一项基本策略。许多学习者，包括我的妻子在内，都难以在家中找到一个可以高效且专注学习的地方。对于一些家庭来说，单独留出学习的空间确实是个问题。这些家庭不可能让每个孩子都有自己的专用书桌。所以，在接下来的篇幅中，我们将讨论如何在空间有限的情况下帮助你的孩子取得成功。

2015 年，彼得·莱温斯基（Peter Lewinski）发表的一篇文章[1] 概述了空间管理最重要的几个因素：光线、噪声、色彩、室温和房间布局。下面我们将逐一分析这些因素的要点。

1. 光线

光线的关键在于"恰到好处"，就像《三只小熊》（*Three Little Bears*）的儿歌中描述的那样。莱温斯基的综述发现，在暖白光或冷白光下进行学习并没有什么差异。只要光线充足，并且光线不会过于刺眼而影响学习，那么它就有利于高效学习。

2. 噪声

莱温斯基表示，40 分贝是最佳学习的音量上限。事实证明，任何更响的声音都会分散注意力。作为参考，正常的谈话音量应保持在 75 分贝之内。这让人不禁想起一个经常被提出的问题：在学习的同时播放音乐或播客是否有帮助？根据莱温斯基的研究结果，只要将背景音乐的音量调低，就是可以接受的。不过，完全安静的环境是最理想的。如果声响无法避免，我们建议播放不含文字的器乐或古典音乐，因为它们不会争夺学习者的注意力。

3. 色彩

斯通（Stone）在 2001 年发表的一项研究[2]表明，环境的颜色会影响并减损学习者完成更困难任务的能力。红色一直被认为不利于学习或考试。相反，蓝色和绿色可以产生镇静的效果，被认为是更适合学习环境的颜色[3]。不过请注意，也有研究发现，至少在短期内，背景色彩与中学生的认知任务表现和情绪之间几乎没有关系。尽管如此，考虑孩子学习环境的颜色仍然是很重要的。色彩可以营造学习空间的整体氛围，还能有助于提高孩子的专注力和学习动力。

4. 室温

房间的温度对孩子学习时的舒适度起着重要作用。理想的温度是几乎感觉不到的温度，既不会太冷，也不会太热。2002年，厄斯曼（Earthman）的一项研究[4]表明，温度在 68~74℉（20~24℃）使人感到最舒适，进而有利于学习。

5. 房间布局

莱温斯基总结说，学习者最满意的学习环境是有一把舒适的椅子和一片映入眼帘的户外美景。请记住，座位的舒适度最好能让孩子愿意长时间坐着，这样可能会鼓励他们学习更长时间——但也不要太舒适，以免引起困倦。同样，如果室外的风景是宁静的、自然的，则对孩子有利；但如果室外的景色是嘈杂的、繁忙的，则会分散孩子的注意力。

研究回顾

◎ 如果你正在寻找一种有利于学习的色彩，绿色和蓝色是不错的选择。

◎ 房间的光线和温度应该"恰到好处"，而不是偏向某个极端。重要的是要有足够的照明，温度设定在68~74℉。

◎ 安静、平和的环境是最理想的。无背景噪声（或音乐）是最好的选择。其次是无干扰的背景音乐（音量小而柔和）。

◎ 花园或海滩的室外景色也能促进学习，但要尽量减少喧闹的街道、车辆和行人等干扰因素。

你要努力为孩子选定一个独特而特别的空间，让他们度过学习时间，这是一项值得一做的工作。合适的环境可以提供更好的学习基础。更好的环境可以提供更多的机会和推动因素，让孩子们达到学习心流状态，培养他们的学习动机和有效信念，并帮助他们养成有效的终身学习习惯。许多孩子，尤其是有兄弟姐妹的孩子，都喜欢拥有属于自己的独特空间。用"学习空间"来指代这样一个特别的地方，可以强化他们对学习重要性的认识。如果可能的话，想办法让这个学习空间对他们来说与众不同。让他们在附近挂上自己的艺术作品，或者让他们自己挑选要使用的铅笔或笔记本，这可以增强他们对家中这一区域的主人翁意识。

很多家庭无法腾出一个专门用于学习的房间、书桌或区域。有些兄弟姐妹可能要共用一个空间，还有些孩子可能在厨房的餐桌上做作业。虽然这肯定会带来挑战，但还是有办法为学习空间管理的许多要素提供便利。例如，如果孩子在嘈杂的厨房里学习，家长可以给他们提供降噪耳机。如果兄弟姐妹容易吵架，请明确每个孩子的空间界限，如果可能的话，让他们面向不同的方向。确定一天中指定的学习时间，在此期间关掉电视、调低收音机音量，努力营造安静、平和的氛围。鼓励兄弟姐妹在可能的情况下协调学习时间，以便每个人都能同时学习，以便降低噪声水平，提高学习效率。为了进一步减少干扰，请始终要求年长一点的孩子在专注于学习时，将手机放在另一个房间，并将音量调低。

理想的学习环境是孩子们经常使用的环境。因此，无论你的家能容纳多大的空间，你都得为孩子创造一个安静的环境，让他们可以反思自己所学的知识，并为新功课的学习做好准备。尽可能多地实施上述策略，通过不断尝试和试错，你会发现如何在你家独特而具体的环境里为孩子创造合适的学习空间。

行动计划

◎ 如果你的家有足够的空间，那就为你的孩子留出一张书桌或桌子作为"学习站"。确保这个空间足够舒适（但不要太舒适），光线充足，远离电视、视频游戏或手机的干扰。鼓励你的孩子在这个地方完成家庭作业和学习任务，这样他们就会把这里当作专门的学习空间。

◎ 与你的孩子一起定期收拾和整理他的学习区域，这样可以促使他更加专注，减少分心。

◎ 如果不可能有一个独立的空间，那就在家里找一个地方作为他的固定学习场所。即使只是厨房餐桌，也要坚持把它当作孩子的学习空间，让孩子与之产生联系。帮助你的孩子安排好学习时间，让家里的其他人也能尊重他的学习时间，将其作为家里的一段安静时光。

◎ 建立一种学习文化，让孩子们认识到在学习时间分心不利于优化学习。定期与孩子和其他家庭成员沟通，了解学习空间的使用情况，并根据需要做出调整。乐于妥协，努力找到适合所有人的解决方案。

第十章　知识管理

　　我在第三部分"学习策略管理"中分享了我的冒险经历，当我在训练成为一名长距离公开水域游泳运动员时，我没有什么游泳经验，但我与教练一起制订了一个训练计划，每周训练六天，每天训练两个小时，准备横渡英吉利海峡。我向来自澳大利亚、菲律宾、英国和美国的教练学习，他们实施了不同的训练策略，有些策略比其他策略更有效。有些训练是为了提高我的自由泳速度，而另一些则是为了提高我的心肺功能（有氧运动），以便进行耐力游泳。

　　同样，当我们的孩子努力学习新事物时，不管他们是否意识到这一点，他们都会使用各种各样的技巧来学习。就像我所进行的一些游泳练习对某些技能的培养比其他练习更有用一样，我们的研究表明，某些学习方法可能比其他方法更好。有些是金牌方法，而有些只配得上银牌或铜牌。

　　在本章中，我们将讨论知识管理，即新技能和信息的初始化、获取、开发和强化。我们将介绍如何优化与知识管理相关的几种学习策略，包括：

- 回忆和阐释。
- 周期性学习和混合学习。
- 进阶学习。

我们将为你和你的孩子提供行之有效的金牌方法，帮助你们获得并掌握新的技能和信息。然后，我们将讨论如何让你的孩子最有效地将这些新获得的"资产"从短期记忆转移到长期记忆的"篮子"里。让我们从讨论最有效的知识管理策略开始吧！

回忆和阐释

回忆包括积极地检索和再现以前学过的信息。回忆要求学习者在学习的过程中积极投入学习，以便更有效地将学习材料储存在长期记忆中。这种积极投入学习的做法能让你的孩子在日后更好地检索信息。

想想你的孩子在学习"美国如何在乔治·华盛顿将军的领导下发动了美国革命"一课时的体验。当你的孩子阅读和学习这场战争的相关内容时，这将有助于他记住革命发生的时间、参与其中的关键人物，以及所有主要战役的地点等事实。同样重要的是，你的孩子要对整个故事进行批判性思考，考虑当时的政治和经济状况，并剖析这一关键性世界事件的意义。有一些方法可以让你的孩子运用回忆策略来记住所有关于美国革命的细节。让我们来考虑以下几种最佳做法：

（1）**死记硬背**：死记硬背是记忆事实和细节的最基本、最根本的做法，也是促进回忆的良好基础。以美国革命为例，死记硬背涉及重复复习与这场战争有关的关键名称、日期和地点，以便记住这些信息并在日后进行检索。同样，死记硬背可以帮助孩子记住乘法口诀或组成元素周期表的化学元素。

上大学时，我曾在一家公司工作，这家公司训练我表演非凡的死记硬背特技，作为他们提供的教育课程的示范。这些课程教授有关数字或概念的记忆技巧。作为推销的一部分，我会去学校，让学生在黑板上写下一个 100 位数的数字。我只看了不到一分钟，就能把这个数字倒背如流。听众们都赞不绝口，结果很多学生都报名参加了该公司的课程！下面是一些死记硬背的技巧：

- **联想**。这是将单词或概念连接起来，使其更容易记忆的一种做法。在我的课程中，我采用了一个系统：每个数字代表一个字母，每组数字代表一个单词。例如，我会将数字 22 与单词 "nun"（修女）联系起来，因为 2 在我的记忆中代表 "n"。然后，我会把 34 和单词 "mare"（母马）联系起来，因为在我的记忆中，3 代表 "m"，4 代表 "r"。我越能把数字和单词联系起来，就越容易记住。因为数字比文字更抽象，所以我能够把抽象变得更具体。

- **助记法**。这包括使用押韵、歌曲、首字母缩略词和视觉意象来促进记忆。ROYGBIV（红橙黄绿蓝靛紫）就是使用首字母缩略词的一个例子。如果以朗朗上口的调子背诵一首关于一周中的日子或各大洲名称的歌曲，学习者通常可以记住这些信息。这是我至今仍在使用的一种帮助我记忆概念和想法的技巧。

- **用夸张的手法讲故事。**这是指你将一个夸张的故事与所学的概念联系在一起。我越能把我正在记忆的数字与有趣的、刺激的或夸张的故事联系起来，我就越容易记住这些东西。我看到一个单词就会产生联想，比如"一匹母马在和一个修女击剑"或者"一个修女在和一匹母马下棋"。

死记硬背对于短期记忆来说是一种很好的练习，但并不总能将信息存入长期记忆。你可以把它看作是开始记忆练习的一个不错的基础方法。它最适合记忆事实，但不利于培养批判性思维。以下策略将有助于进一步将想法储存在长期记忆中，并为更多创造性思维和理解力打开大门。

（2）**心理回忆。**在读完一段、几页或一章（取决于主题的复杂程度）内容之后，你的孩子应该暂停一下，合上书，可能的话离开一会儿，思考一下刚刚读过的内容。他必须花时间确保自己真正理解了这些信息。在这段时间里，孩子有机会消化所学的知识。

（3）**写日记。**孩子可以在学习一节课的内容后写下他们的想法和感想，这可以为他们提供一种以有意义的方式组织信息的方法，使他们以后更容易记住和回忆这些内容。

（4）暂停和反思。暂停下来反思一下，并写下关键要点的做法，可以帮助孩子认识到自己学习中的薄弱环节，并为之付出更多努力。孩子可以回过头来标亮关键的术语和短语以强化他们需要掌握的知识。"标亮"是指学习者通过下划线或用鲜艳的墨水标注的方式来引起注意或强调某些材料（见图3-5）。标亮的术语和短语以及日记本上的注释可以成为对孩子们有用的参考，让他们在学习过程中进行重温和重读，从而更好地理解和记忆所学内容。

图 3-5　书中的标亮文本

关于标亮的注意事项：学习者经常会犯一个错误，就是过度标亮某个文本。结果，重要的内容都没有突显出来。孩子们必须学会更有选择性地标亮文本，只关注那些对他们日后回忆信息有价值的关键术语和短语。

圣地亚哥大学和加州大学的研究人员在 2022 年进行了一项研究，[1] 探讨了学习者生成的高亮标记与教师提供的高亮标记的效果对比。学习者生成的高亮标记提高了记忆力，但没有提高理解力。相反，教师提供的高亮标记既提高了记忆力，又提高了理解力。学习者和教师高亮文本之间的区别在于，指导者懂得只关注能在以后唤起记忆的关键术语和短语，而学习者高亮的内容太多，导致突出显示效果不佳，没什么用处。学习者要记住的要点是，过度使用这种策略几乎会完全抵消其价值。如果你家的孩子觉得自己有"过度标亮"之嫌，请鼓励他向你或老师征求意见。

普渡大学（Purdue University）在 2011 年的一项研究[2] 发现，回忆练习在促进科学概念的学习方面非常有效，如果方法得当，回忆可以促使学习者反复评估理解能力。回忆效率背后的机制相对复杂。当我们试图从记忆中回忆起某件事情时，首先需要弄清楚我们是如何在脑海中组织信息的，然后再利用这种组织方式来检索具体细节。反复这样做，或者说，不断地练习回忆信息，可以使我们用来回忆信息的线索更具体、更有帮助，从而使我们将来更容易记住这些信息。练习检索可以帮助我们更好地理解不同信息之间的联系，使我们更容易检索这些信息。它为学习者提供了时间和空间，让他们对所学内容进行推理并得出结论。

回忆也为形成更深层、更持久的记忆打开了大门，因为随着时间的推移，关于一个主题的基本事实被储存起来，孩子的大脑就有更大的能力对该主题进行批判性思考，从而在个人更高的层面上与之建立联系。以美国革命为例，随着时间的推移，当你的孩子将战争的事实"归档"后，他的大脑就不需要那么费力地去记忆这些细节了，这样，他就有更多的空间来考虑这一历史事件的其他方面。正如我们在前面关于优化的讨论中提到的，死记硬背等低层次学习可以解放孩子的工作记忆和执行能力，让他们能够思考基于这些基本信息的更复杂的问题。

综上所述，回忆可以加强大脑中的神经连接，使信息在未来更容易获取和回忆。通过回忆信息，学习者不仅可以复习所学知识，还可以将其应用和整合到自己的知识库中，从而加深对这些信息的理解和记忆。此外，回忆信息通常需要努力和关注力，这也有助于强化记忆痕迹；或者，当某些东西被编码到我们的记忆中时，大脑会发生变化。总的来说，回忆是有效学习和记忆形成的关键组成部分。

回忆是学习者建立长期记忆的有效途径。然而，这种策略需要学习者自律，他们很可能需要随着时间的推移而逐渐养成自律的习惯。没有经验的学习者会倾向于走捷径，但超级聪明的学习者会认识到采用更耗时但终极价值更高的记忆策略的意义。

现在，我们已经确定了不同的回忆策略，接下来让我们讨论另一种知识管理策略，即"阐释"。这种学习策略指的是积极地将新信息与先前的知识或经验联系起来，以便创造更有意义和更难忘的联想。这是一个积极接触新信息并思考它如何与你已知晓的信息或知识联系起来的过程。这有助于使新信息更有意义，更容易被记住。

这里有几种不同的阐释策略可用于学习新信息。请看下面的几个例子：

- **触类旁通**：鼓励孩子将新信息与他们已经知道和理解的信息或知识联系起来；将新材料与他们已有的其他经验或学过的其他概念联系起来。
- **举例子**：鼓励孩子想出具体的例子来解释这些新信息，或者想象他们可能使用这些新信息的情景。
- **概括总结**：要求孩子用自己的话对新信息进行简要概括，以此来强化要点并使其更易记忆。
- **憧憬某个场景**：鼓励孩子在脑海中将所学材料转化为心理意象或图片。鼓励他们将概念之间的关系形象化，使信息更易记忆。

下面再来看看我们学习美国革命的例子吧。为了利用阐释策略记忆美国革命的重要事件，孩子们可以尝试以下技巧：

- **触类旁通**：鼓励孩子将美国革命中的事件与他们自己生活中的经历联系起来。例如，他们可以将当时人们争取独立的斗争与自己为了信仰挺身而出的经历进行比较。或者，他们可以尝试将美国革命置于其他历史事件的背景下。他们可以将其与法国革命或海地革命等其他独立战争进行比较。

- **举例子**：鼓励孩子就美国革命中的事件提出问题，并对所学信息进行批判性思考。孩子可以问一些问题，例如："在战争和动乱时期，人们会感受到什么样的情绪？"

- **概括总结**：鼓励孩子用自己的话复述这场战争的过程，并想象自己身处其中的感受。让他们把美国革命的事件编成一个故事。孩子可以问一些问题，例如："食物供应是否充足？""卷入战争的人会吃什么呢？"

- **憧憬某个场景**：鼓励孩子想象美国革命就发生在他们眼前的场景。孩子还可以问一些问题，比如："这场战争爆发时的季节天气如何？""士兵们会穿什么？"

以这种方式讨论美国革命可以使事件更加引人入胜、富有意义。你的孩子更有可能记住重要细节和关键参与者。因此，他更有可能将这些信息成功地存储在长期记忆中。

回忆和阐释相结合，是让孩子加强长期记忆并全面更好地理解所学内容的最佳方法。如果你的孩子定期进行回忆练习（反思一节课的内容、记录自己的想法、标亮关键词），然后加上阐释练习，他就能更全面、更深入地理解一门学科。

周期性学习和混合学习

　　周期性学习是指将学习内容分散在不同的时间段进行学习，而不是将学习内容集中在单一的学习时段进行填鸭式学习。这种方法基于"间隔效应"现象，即如果信息经过了一段时间的呈现和回顾，而不是一次性记忆，那么，人们往往能更好地保留信息。

　　间隔效应利用了我们大脑处理和储存信息的方式。当我们首次接触新信息时，我们的大脑会将其存储在短期记忆系统中，而短期记忆系统的容量和记忆持续时间是有限的。然而，当未来再次接触到相同的信息时，我们的大脑会以另一种方式处理信息，将其转移到长期记忆系统中，而长期记忆系统则更加持久和稳定。将信息从短期记忆系统转移到长期记忆系统的过程称为"巩固"，正是这一过程使间隔效应成为可能。

　　在利用间隔效应进行学习时，课程学习的最佳间隔时间取决于具体的学习目标、学习内容的类型以及学习者的个人偏好和学习能力。不过，研究表明，间隔时间应足够长，以便有足够的时间发生遗忘，但这段时间又不能太长，不能让信息被完全遗忘。一个通用的指导原则就是将学习时段间隔 1～3 天。为了实现长期记忆信息的目的，间隔时间可以增加到三天以上甚至几个星期。间隔效应背后的关键理念是找到一个平衡点，既要为检索和巩固记忆提供机会，又要避免因信息闲置而导致的信息丢失。

　　学习者可以通过分散学习时段来更好地巩固记忆。他们会在之后的学习时段中回忆起学习过的信息，即更多地调用长期记忆，从而更好地保留和理解这些信息。研究发现，周期性学习对事实、词汇、程序等信息以及复杂概念的长期记忆特别有效。

1978 年在英国进行的一项研究，名为"间隔效应研究"或"邮递员研究"[3]，旨在探讨间隔学习和集中学习（又称为"填鸭式学习"，即将孩子的学习集中在更短时间内，但学习时段更长）对学习效果的影响。在这项研究中，有四批邮递员接受了使用标准打字机键盘输入由字母和数字编码的数据的培训。第一组每天接受四个小时的培训，连续培训四天；第二组接受了与第一组相同时长的培训，但分八天进行，每天两个小时；第三组每天接受两个小时的培训，连续培训四天；第四组接受了与第三组相同时长的培训，但分八天进行，每天一个小时。

研究结果表明，在八天时间里每天接受两个小时培训的小组，在打字测试中的表现明显优于接受同样内容的短期集中培训的小组。这项研究的结果支持了这样一种观点，即与集中学习相比，分散学习会带来更好的学习效果和记忆效果。值得注意的是，研究还表明，学习时段的长短和学习内容的数量也是影响学习和记忆的重要因素。这是因为研究发现，在较长时间内学习更多内容比在相同时间内学习较少内容更有效地促进学习和记忆。此外，周期性学习可以为学习者提供主动检索和实践所学内容的机会，从而有助于减少遗忘的发生。这与集中学习不同，集中学习不是最佳选择，因为大脑需要通过休息来处理新的信息或知识。

周期性学习为孩子们提供了一个机会，让他们思考自上次学习时段以来，自己有哪些知识点没有记住。学习者可以通过在第一次学习期间写下一系列具有挑战性且发人深省的问题来衡量自己对所学内容的掌握程度。然后，在一周或一个月之后重新复习时，他们可以再次回顾这些问题，看看自己还记得多少，以及哪里还需要补充学习。

将集中学习与分散学习比作在花园中种植花草，可以这样考虑：如果你把所有的种子都种在同一个地方，并一次性浇水，那么，种子很可能会被水淹没，无法正常生长。相反，如果你把种子分开种植，使用相同的水量，但浇水间隔的时间更长、更有规律，种子就更有可能长成健康的植物。同样，当孩子把所有课程的学习都集中在一起进行填鸭式学习时，这就像把所有的种子都种在同一个地方，然后一次性浇水一样。而把课程的学习分散开来，并在更长的一段时间内定期复习所学内容，则像把种子分散种植并定期浇水一样。后一种学习方法能让学习和记忆的过程更有效、更持久，就像后一种园艺方法能让植物生长得更健康一样。

值得注意的是，周期性学习不应该只是简单地重读材料。学习者倾向于不恰当地对待重读过程。普遍的看法是，简单地重读课文就足够了。虽然重读可以提供一些短期价值，但仅仅重读本身并不是一种有效的策略。"近因效应"会引发"学习的错觉"，让你的孩子误以为他已经掌握了学习内容，而实际上这些内容还没有被植入他的长期记忆库中。记住，与其进行简单的重读，还不如应用"回忆"和"阐释"策略，如此，这些学习阶段的影响力将会成倍增长。

混合学习也是一种学习技巧，学习者可以按照"分层"或"交叉"的样式学习不同的主题或技能，而不是一次只专注于一个主题或技能。这意味着学习者在学习过程中不是一次性地学习完一个主题后再学习下一个主题，而是在学习过程中来回切换不同的主题或技能（见图3-6）。例如，孩子可能先学习数学第一章，然后是文学第一章，然后学习数学第二章，而不是继续学习文学第二章。交错学习的目的是让学习者积极参与不同主题或科目之间的切换，从而提高他们对学习内容的记忆和"移用"效率。

图 3-6　混合学习时间表

这是混合学习的一个关键原则。在学习同一内容的过程中稍作休息，转而学习不同的主题，然后再回头复习原来的内容，这样大脑就必须付出更多的努力来检索或回忆信息，从而提高对学习内容的理解和保存，并强化大脑中的记忆痕迹。此外，这种交错学习方式还可以帮助促进信息转而应用到新的情境中，这对于在现实世界环境中解决实际问题和应用相关知识至关重要。

混合学习植根于对知识复杂性的认识。这是我们在第五章关于信念的部分讨论过的一个概念。我们高度互联的世界的每一个方面都反映了知识的分层性，同样，孩子学习的科目之间也是无限互联和整合的。例如，生物学的学习也需要一定水平的数学和阅读能力。因此，很有必要鼓励你的孩子将各门学科结合起来，融会贯通地学习。例如，考虑完成科学作业所需的数学、语言和阅读技能。

2001 年发表在《实验心理学杂志》（*Journal of Experimental Psychology*）[4] 上的一项关于混合学习的研究发现，虽然分块学习课程确实有助于短期记忆，但 24 小时后对学生进行测试时，与按照混合学习计划学习的学生相比，以分块学习方式学习的学生表现很差。另一个有趣的发现是，当学生被问及他们认为自己的表现如何时，采用分块学习方式的学生对自己的表现更为自信，而采用混合学习方式的学生则认为自己的表现不佳。因此，分块学习会产生一种学习的错觉或表现良好的错觉，而事实证明并非如此。

与分块学习或孤岛式学习相比，混合学习更为成功，因为它要求学习者主动检索和应用已学信息，而不是简单地重复相同的信息。这种主动检索过程有助于加强和巩固记忆，使信息更加易于获取，而且在未来更容易被回忆起来。然而，请注意，在混合学习过程中，推动这一过程的并不是检索本身，而是针对那些涉及其他不相关的材料而导致信息被略微遗忘的特定检索。正如我们之前讨论的艾宾浩斯遗忘曲线所描述的那样，这种检索被略微遗忘的信息的过程有助于巩固和加强记忆，使信息更加易于获取，而且在未来更容易被回忆起来。这就是混合学习比分块学习或孤岛式学习更成功的原因。

混合学习也有助于防止"干扰"现象出现——当新的信息干扰旧的信息时就会出现这种现象。当学习者以分块学习或孤岛式学习的方式学习不同的主题或技能时，新的信息可能会干扰旧的信息，使回忆变得更加困难。当学习者以分层学习或混合学习的方式学习不同的主题时，他们不得不主动检索以前学过的信息，这有助于防止干扰因素，提高记忆效果。

此外，混合学习使孩子们能够更好地将学习"移用"到新的、多样化的问题或情境中。当孩子们只专注于一个主题或技能时，他们可能很难将自己的知识应用到新的或不同的问题中。如果孩子们在学习过程中来回切换不同的主题或技能，他们就会接触到更多的问题和情境，这可以帮助他们更好地将自己的想法"移用"到新的、多样化的情境中。这也有助于提高批判性思维能力，帮助孩子们更熟练地应对创造性思维的挑战。例如，当孩子们在考试中遇到一个复杂的问题时，如果他们已经训练过自己的大脑处理复杂概念的能力，他们就不会为自己能否正确作答而感到焦虑。他们能够从自己创造性地考虑事物相互联系的经验中汲取灵感，还能够考虑如何回答该问题的所有可能性。

"螺旋式课程教学"是新加坡学校体系中根深蒂固的一种教学（教育）方法，它在混合学习方面做得很好。这种教学风格让学生每年都能接触到所有的科学学科，更好地理解各门科学之间的联系。学生每年都会学习多个科学学科，如生物、化学和物理，难度也逐年增加。这与线性课程形成了鲜明的对比，线性课程中的学科通常只教一次，并且按次序进行，每个新课题都是在前一个课题的基础上进行的。例如，在数学课程中，课题是按照算术、几何、代数等特定顺序教授的。"螺旋式课程教学"的成效有目共睹，例如，新加坡的学校经常在PISA 等全球教育标准测试中名列前茅。[5]

我们的孩子可以用这个概念来增强身体肌肉和心智肌肉，因为已有事实证明，混合学习在学习数学和科学以及体育训练方面特别有效。例如，如果你的孩子正在努力提高篮球技巧，那么，如果他从不同的角度练习投篮，而不是只从某一个位置反复投篮，他会受益更多。同样，当一个孩子专注于数学学习时，偶尔休息一下，把注意力转移到其他科目上，达到混合学习的效果，这也是很有帮助的。两个小时的学习课程包括数学、拼写和科学，这比两个小时只专注于数学的学习更具挑战性，也更有益。

周期性学习和混合学习的一个重要好处是，这些学习实践可以抵消"近因效应"。请记住，"近因效应"指的是我们倾向于更准确地回忆起最近学到的信息。这会产生一种"学习的错觉"。周期性学习和混合学习的实践会迫使你的大脑在更长的时间内记住信息，使你的大脑始终专注于你正在学习的内容，并提高你将想法植入长期记忆库的能力。这些都是消除"学习的错觉"的有效方法。

本节将讨论的最后一种学习策略是知识管理策略，与学生在上课或听讲座之前所做的准备工作有关。这就是所谓的提前学习或预习。在第九章的开篇，讨论空间管理时，我分享了我在上学时养成的一个习惯，即每周六上午我会花几分钟时间为即将到来的一周做准备。我会提前预习教材，为老师下周要讲的课程做好准备。这种做法给了我巨大的学习优势。因为我已经通过了最初的障碍，在老师讲课之前就熟悉了教材，所以我可以专注于深入理解老师所讲的内容，并对所学内容进行更深入的批判性思考。

在一篇关于学习策略的文章中，作者安吉拉·扎纳德利·西克勒（Angela Zanardelli Sickler）[6] 写道："在讲座开始前 24 小时内预习即将讲授的内容是非常重要的。这一步骤通常不会花费超过 30 分钟的时间，尤其是当你熟悉了如何正确预览信息的时候。"西克勒接着说，跳过这一步骤的学生将在课堂上"直接遭遇"这些内容。在课堂演示过程中，学生往往会不知所措或迷失方向，在争分夺秒的追赶过程中，笔记会变得凌乱或不完整。这种慌乱有时会导致学生干脆放弃听课，因为他们觉得，要跟上他们所听到的一切，实在是太难了。

芭芭拉·瓦基莫托（Barbara Wakimoto）的一项被广泛引

用的研究[7]表明，如果学生在实际听课之前对将要讲授的内容有一个大致的了解，那么，他们的学习效果就会显著提高。瓦基莫托在对 700 名学生进行研究之后发现，提前预习教材的学生的学习成绩提高了 21%。

学生一开始可能会对提前备课的习惯感到畏惧。但是，即使只是短暂的准备工作，也会有收获。孩子越多地实践这种行为，越能体验到高效课堂学习和对所学内容掌握得更牢固所带来的积极作用，他们就越有可能继续保持这种习惯。

鉴于我们已经探讨了知识管理的多个方面，下面我将推荐一些建立良好学习习惯的方法：

- **由于时间有限，请与孩子一起缩小学习范围，选择他们将应用知识管理策略（回忆与阐释、混合学习与周期性学习，以及提前预习）的科目。** 在一个时间无限充裕的理想世界里，人们可以选择对所有科目或课程进行频繁复习。但现实并非如此，那么确定哪些科目或课程应该得到更多的时间和关注就很重要了。

- **帮助孩子分配时间以建立良好的学习常规，确保知识管理工作得以进行。** 例如，如果选定的学习主题是"分数"，让孩子提前学习那一节内容，这样，当老师讲解那一课时，他们就能巩固对分数相关知识的理解。一周之后，让孩子再次复习同一节课。一个月之后，再复习一次。

- **要认识到取舍在所难免。** 孩子可能无法将所有这些学习策略都应用到所有的科目中。当他们选择了一个科目或课程时，那就意味着他们决定不选择另一个科目或课程。

- **鼓励孩子在应用知识管理的所有策略时保持内在动力，从而防止可能出现的学习倦怠现象。**

考虑到你的孩子在时间、精力、认知负荷和心流等方面的限制，让他养成练习并尽可能掌握知识管理的金牌标准实践的习惯是很有意义的。这些实践将在你孩子的能力范围内带来最佳的效果。当你的孩子能够掌握本章中概述的学习技巧时，他的学习能力的提升将是巨大的。这些基本而又充满活力的学科将使你的孩子能够成倍地提高学习能力，并增强他们持久记忆更多信息的能力。

行动计划

◎ 帮助你的孩子理解和领会本章涉及的所有知识管理策略的应用价值，包括回忆、阐释、周期性学习和混合学习，以及提前预习。

◎ 与你的孩子一起建立有效且合适的学习习惯（回顾本章，了解我们推荐的方法）。

◎ 这些学习习惯中的每一项都需要时间和自律，一次性全部实施可能会让人感到不知所措。如果是这样的话，帮助你的孩子逐一尝试，在有效地掌握了前一个习惯之后，再添加一个新的习惯。

第十一章　焦虑管理

　　2000 年 5 月，美国哥伦比亚广播公司（CBS）推出了一档名为《幸存者》（*Survivor*）的真人秀节目。一群参赛者（节目组喜欢称他们为"弃儿"）被留在婆罗洲岛北部海岸的马来西亚沙巴。这些"弃儿"必须自行生产食物、寻找火源和建造庇护所，并在一系列考验体能的挑战中相互竞争。他们一个接一个地被同伴淘汰出局。与他人结成牢固的联盟或在比赛中获胜，可以使他们免遭淘汰。最后留下的人将赢得 100 万美元的奖金。

　　事实证明，这档节目非常受欢迎。截至本书出版，该节目已播出 44 季，获得 63 项艾美奖提名，一直以来都是收视率榜单上前 20 名的电视节目。它还利用了我们害怕被同伴排斥和拒绝的集体恐惧感。那些没有赢得其他"岛民"青睐的人，将被直接踢出婆罗洲岛！虽然我们没有人希望经历这种程度的排斥，但观众似乎对"弃儿们"经历的焦虑感同身受，他们一周又一周地沉迷于观看"弃儿们"上演的这一幕幕奇观。我注意到，尽管环境艰难，但许多"弃儿"在焦虑管理方面很有技巧。他们拥有在高压环境下找到精神和情绪平衡的独特能力。

应对焦虑是许多人都非常关心的话题。早在 2018 年，在人们普遍还没有意识到疫情威胁的时候，巴诺书店（Barnes & Noble）就报告称，关于压力和焦虑的书籍销量激增。[1] 几年后，世界卫生组织报告称，由于人们对新冠疫情的恐惧，全球焦虑症发病率增加了 25%。[2] 目前最畅销的焦虑症书籍包括《解除焦虑》(*Unwinding Anxiety*)、《练习正念》(*Practicing Mindfulness*) 和《当你忧虑过多时该怎么办》(*What to Do When You Worry Too Much*)。此外，针对青少年家长的畅销书包括《帮助焦虑中的青少年》(*Helping Your Anxious Teen*)。[3]

对于我们的孩子来说，焦虑通常是因为考试而产生的。考试会引发学生对成绩的担忧和对考试不及格的忧虑。这种焦虑有着深刻的进化根源，可以追溯到远古时代，那时人们会因为自己的部落如何评价自己的表现，以及如果自己失败会带来什么后果而感到焦虑。在《幸存者》真人秀节目中，我们可以明显地看到这样的情节。

阿蒂姆的一个朋友有一个 12 岁的孩子，他智力超群、精力充沛、求知若渴、尽管这个孩子的学习能力很强，但他却承受着与考试有关的巨大压力。这种焦虑使他的记忆和回忆能力受到影响，很难记住课堂上学到的内容。因此，一到考试或课堂发言的时候，他就会变得焦虑不安。

考试焦虑在各个年龄段的学生中十分普遍，其原因可能包括以下几点：

- 学业压力：孩子们可能对课业和成绩的要求以及老师和家长的期望应接不暇。
- 社交焦虑：孩子们可能担心无法融入同龄人，无法交到朋友或遭遇排斥和拒绝。
- 分离焦虑：当孩子与父母或照顾者分离时，尤其是首次出门去上学时，他们可能会感到焦虑不安。
- 害怕遭遇霸凌：孩子们可能害怕被其他同学欺凌或取笑，从而在学校环境中产生焦虑。
- 以往的负面经历：在学校有过创伤或负面经历（如被欺负或被惩罚）的孩子可能会对上学产生焦虑。

20世纪70年代末，查尔斯·D. 斯皮尔伯格（Charles D. Spielberger）及其团队的一项研究[4]发现，与没有考试焦虑症的人相比，患有考试焦虑症的人更有可能将考试情境视为威胁，并在评估过程中体验到更高程度的焦虑和担忧。换句话说，考试焦虑是一种与考试或测评情境直接相关的焦虑类型。这是一种常见的焦虑症，可能会影响各个年龄段的人，但在学龄儿童和青少年中尤其常见（见图3-7）。

考试焦虑的表现形式多种多样，包括头晕、恶心和呼吸急促等生理症状，以及难以集中注意力、思绪飞扬和消极的自言自语等认知症状。它会干扰一个人在考试中发挥正常水平，并对学业成功产生负面影响。

图 3-7　正在体验焦虑的孩子

据报道，10%~40% 的小学生患有考试焦虑症，[5] 而大学生中明显存在考试焦虑的百分比为 10%~50%。[6] 如果不采取任何干预措施，考试焦虑症就会长期存在，[7,8] 这自然会导致学习成绩下降、标准化考试成绩[9] 变差、学习记忆能力[10] 变弱，甚至导致学生辍学。[11]

伊莎贝尔·普兰特（Isabelle Plante）和她的同事于 2022 年在《英国教育心理学杂志》（*British Journal of Educational Psychology*）[12] 上发表了一篇分析文章，研究了学生的学业成绩与考试焦虑之间的关系。研究人员发现，小学毕业时的数学成绩预示着中学开学时的考试焦虑程度。然而，这种关系并不是直接的或线性的。换句话说，数学成绩非常低或非常高（比平均分高出 20%）的学生都面临较高的考试焦虑风险。这些结果表明，考试焦虑并不一定只发生在成绩较差的学生身上，它可能会影响各个成绩层次的学生。我曾目睹过我的一名尖子生因为考试焦虑而选择作弊以维持高分的情况。

然而，尽管令人苦恼，考试对于我们的孩子来说却是不可避免的事实。如果没有某种反馈回路来客观评价他们应该取得的成绩和进步，就无法追踪他们的学习进度。结构化的多项选择题和开放式问答题会贯穿学生的整个求学生涯。据大城市学校理事会（The Council of the Great City Schools）的一项调查[13]显示，在 12 年的学校教育期间，学生要参加多达 112 项标准化考试。这个数字可能还不包括小规模突击测验、模拟考试、报告、口头检查（如在语言课上），以及每学期在每堂课上进行的其他形式的学生测评。

管理考试焦虑至关重要，因为考试意味着入学考试、学校成绩等，这可能导致是否被一所好的大学或学院录取、是否得到一份好的工作等问题。考试将伴随我们一生，我们都必须学会管理这种焦虑。

研究回顾

◎ 考试焦虑是一种与考试或测评情境直接相关的焦虑类型。这是一种常见的焦虑形式，可影响所有年龄段的人，但在学龄儿童和青少年中尤为常见。

◎ 如果不采取干预措施，考试焦虑会导致学习成绩下降、标准化考试成绩变差、学习记忆能力减弱，甚至辍学。

◎ 考试焦虑会影响不同成绩层次的学生，但正确的干预措施可以改变现状。

对于那些考试焦虑的学生的家长来说，希望还是存在的。研究表明，只要运用正确的策略并加以练习，你的孩子就能克服考试焦虑带来的挑战。2019 年发表在《焦虑障碍杂志》（*The Journal of Anxiety Disorders*）上的一项研究证实了这一观点。克里斯托弗·亨特利（Christopher Huntley）及其同事进行的这项荟萃分析 [14] 考虑了 44 项随机对照试验，涉及 2209 名大学生，从而评估考试焦虑干预对提高学习成绩的有效性。研究发现，干预措施能明显减轻考试焦虑，提高学习成绩。换句话说，正确的干预措施能起到事半功倍的效果！以下是帮助学生应对考试焦虑的几种有效方法。

1. 让考试成为学习过程中的常态

你可以为你的孩子创造自我测试的机会，也可以在他阅读或学习时对他进行测试。当考试成为一种常态，你的孩子认为犯错也可以接受，那么，他在课堂环境中管理考试焦虑就会容易得多。从学习期间的小测试过渡到实际考试的感觉会没那么可怕。

2. 练习放松技巧

与你的孩子一起练习放松技巧，帮助他在考前和考试期间管理焦虑。深呼吸、渐进式肌肉放松或憧憬某个场景（利用想象力体验宁静的环境或经历）等练习都非常有帮助。你们可以在考试前在家尝试各种方法，看看哪种方法最有效。如果你的孩子在考试期间感到焦虑，请提醒他使用这些方法。

3. 定期学习并做好充分准备

鼓励你的孩子坚持运用本书中提供的学习策略，以便为考试做好充分准备。彻底养成和定期落实良好的学习习惯，会使你的孩子产生一种掌控感和驾驭感，从而有助于减轻焦虑感。

4. 创造积极的学习条件

一个充满支持和关爱的家庭环境会增强孩子的自尊心，让他们在面对考试等挑战时更有信心。此外，当你的孩子知道，无论他表现如何你都会支持他时，他就会放心地与你和老师坦诚交流他的恐惧和担忧。

5. 设定现实的目标

鼓励孩子设定可实现的目标，避免与他人比较，因为攀比会徒增焦虑。

6. 保证充足的睡眠和适当的锻炼

鼓励孩子保证充足的睡眠并经常活动身体，因为这两项活动都有助于减轻压力，提高整体健康水平。

7. 重塑消极想法

教孩子挑战并重塑有关考试的消极想法和信念，如"我总是考不好"或"考试决定了我的价值"。帮助他们用积极的、支持性的想法取代这些消极想法，如"我能做到"或"这次考试并不反映我的价值"。如果他们在考试中感到焦虑，鼓励他们回忆这些积极的短语。

8. 与心理健康专家合作

重要的是要记住，这些技巧对考试焦虑未超过临床焦虑水平的孩子很有效。如果你的孩子患有严重的焦虑症，请尽快联系心理健康专家，如学校辅导员或心理学家，制订个性化的计划来控制考试焦虑症。

我们的首要建议是在考试前通过上述方法来解决考试焦虑。但是，如果你的孩子在考试期间仍然感到焦虑，下面还有一些建议可供他们参考：

- **练习深呼吸**：缓慢的深呼吸可以帮助身体平静下来，减轻压力和焦虑感。
- **关注当下**：将注意力集中在手头的任务上，而不是担心未来或过去的错误，这样可以让人平静和安心。
- **控制身体症状**：当感到身体出现焦虑症状，如出汗、颤抖或心跳加速时，试着保持冷静，专注于你的呼吸。
- **憧憬某个场景**：想象自己成功地完成了考试，憧憬一下自己感觉平静而自信的样子。

- **仔细阅读考试说明**：确保自己理解考试说明，如果不确定，大胆问清楚。
- **控制自己的节奏**：不要匆匆忙忙地答题。慢慢来，仔细阅读每道题，并尽量保持冷静。
- **有条不紊**：如果你对考试感到不知所措，请尝试将其分解成较小的、易于处理的任务，并优先处理你觉得最有信心的问题。

虽然了解考试焦虑是人之常情，可能对成年人有所帮助，但这往往无法让孩子感到安心或有所帮助。与你的孩子并肩作战，帮助他认识到，控制自己的信念是可以克服考试焦虑的。你要让孩子相信，他具备控制能力，只要他为考试做了更好的准备，就能克服考试焦虑。孩子有能力改变自己的处境。

当我的女儿面临大考时，我会和她一起努力，确保她对信念的控制力得到加强。这是帮助她明白通过努力可以提高技能的重要一步。然后，我会用任务价值来强化我的鼓励，帮助她看到在考试中取得好成绩的好处。这将激发她在考前努力学习的内在动机。最后，我会让她知道，如果她尽了最大努力，我就会给予奖励（冰激凌或有趣的活动）——因为她的努力，而未必是因为她的最终成绩。与你的孩子密切沟通并实施这些措施，可以让他有能力控制考试焦虑，更自信地迎接学校的每一个新挑战。

行动计划

◎ 根据本章重点介绍的最佳实践，帮助你的孩子在考试前建立学习常规。

◎ 努力营造一个充满关爱的家庭环境，让孩子无论考试结果如何，都能感受到支持。

◎ 提醒你的孩子，只要努力学习，成绩就会有所提高。但同时，好成绩并不是唯一的目标，全力以赴才是重中之重。

第十二章　求助管理

　　如果我们在森林中徒步旅行时迷路了，通常会有路标帮助我们找到方向。如果没有路标，我们可以依靠地图（见图3-8）或指南针把我们带回正轨。地图标明了我们可以走的不同道路以及沿途可能遇到的障碍，而指南针则可以帮助我们确定前进的正确方向。

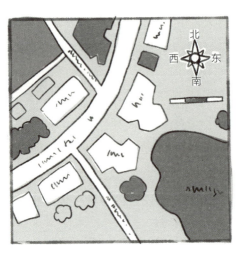

图 3-8　地图就是导航

同样，在学习一门新学科时，孩子们可能会感到迷茫或不能确定该选择的方向。如何理解他们正在阅读的内容？如何以最佳方式记住这些内容？当他们的方向不明确、无法理解新内容或不知道如何应对挑战时，他们需要获得正确的支持和指导。他们需要"求助管理"，或者了解何时以及如何寻求帮助，以便找到通往成功的道路。我们的孩子需要弄清楚的是：

- 根据自己独特和特殊的需要，找到最佳的学习方法。
- 如何处理每种形式的求助管理的局限性和制约因素。

我们的孩子必须了解何时向老师、父母或同伴寻求帮助。他们需要知道向谁求助、求助什么以及如何求助。我们让孩子掌握了有效的求助管理策略，也就是为他们提供了学习之旅所需的导航工具。

我的妻子曾经教过一个学前班的孩子，他的数学成绩很差，但突然间，他可以把所有的家庭作业都做对了，正确率达100%。老师们很惊讶，但也很好奇。他们想知道是什么干预措施帮助了这个孩子，是什么神奇的因素让他突飞猛进的？一天，当这名学生在课堂上向虚拟助手 Alexa 求助时，真相大白了。原来，这名学生得到的"帮助"来自 Alexa。发现真相后，老师们都觉得很有趣，但他们也知道，为了这个孩子的未来，他们也必须与孩子和他的父母讨论这个问题。这个孩子知道自己需要帮助，但他显然不知道向谁寻求帮助最好。

当我开始为我的游泳目标进行训练时，我知道我需要帮助和指导，所以我聘请了一位力量兼体能教练。我需要有人告诉我，我的举重姿势是否正确，然后帮助我优化姿势，以防我受伤。当我决定参加公开水域比赛时，我再次意识到我需要教练的帮助。我的游泳教练会告诉我哪些做法是对的、哪些是错的，这样，我的游泳技术就会得到提高，游泳效率也会随之提升。在这两种情况下，我都知道自己应该寻求什么帮助，以及如何和何时寻求帮助，因此，我的健身教练和游泳教练都帮助我取得了更好的成绩。

利姆（Lim）和一组研究人员进行的研究[1]表明，如果将孩子的智力与其他学习策略（如时间管理、知识管理和空间管理）结合起来考虑，那么，求助管理能够解释更多的成绩差异，如GPA。换句话说，当求助管理与其他策略相结合时，孩子的表现会更好，成绩也会更好。正如我在培训中知道如何求助、向谁求助、求助什么以及何时求助一样，让我们的孩子了解求助的重要性和价值也很重要，因为这可以提高他们学习和记忆信息的能力。

同样重要的是，你要以正确的方式提供帮助，因为你给予或提供的帮助可能会适得其反。比如，当你以轻蔑的语气、愤怒或贬低的态度提供帮助时，效果反而不好。让我来解释一下吧。有时我需要出于各种原因帮助我的女儿，但我的帮助方式并不总是最好的。我有时会带着严厉的语气或不友善的态度提供帮助，这让我在事后感到十分后悔。我的本意是帮助她，但我的言行却没有做到。在提供帮助时，我们必须想方设法地审视自己的做法，必要时暂停一下，在行动之前调整好心态。以平和的心态和心境提供的帮助总是更有益。请记住，孩子们可以看透我们的举止、语气和肢体语言所反映出的态度。如果我们的帮助是带着不耐烦或不情愿的情绪提供的，他们可能不会把我们的帮助放在心上。

如果你没有以正确的方式提供帮助，孩子可能会对求助管理形成错误的认识。如果你用严厉的语气或刻薄的态度提供帮助，他们就会对你的帮助产生反感或置之不理。要使求助管理有效，你必须牢记以下原则：

1. 搭建学习的"脚手架"

在建筑工作中，搭建脚手架是为了帮助修理或建造建筑物。同样，学习的"脚手架"指的是为学习者提供适当的支持或工具，让他们知道如何建立自己将来可以重复使用的学习框架。学习者依然应该对自己的学习负责，但我们提供帮助的方式应该支持他们的努力。如果我们提供的帮助过多或过早，甚至提供得太晚，当他们已经失去学习动力时，他们就会变得懒惰，还可能会失去提高学习技能的机会。

演员兼作家马修·麦康纳（Matthew McConaughey）在他的自传《绿灯》（*Greenlights*）[2] 中讲述了他五年级时参加诗歌比赛的故事。当他和他的母亲分享他的诗歌草稿时，他的母亲建议他提交一首其他作者已经发表过的、写作上乘的好诗。当他提出抗议时，他的母亲回答说："你喜欢这首诗吗？你懂这首诗吗？懂的话，这首诗就是你的了！"麦康纳将这首别人已发表的诗拿去参加比赛……他赢了！虽然赢得比赛的最终结果听起来很乐观，但是，如果你的目标是让你的孩子学会如何写诗，那么，你很可能会发现，还有更好的方法来支持你的孩子努力做到这一点。

出于类似的原因，作为一名学校管理者，我制定了一项政策，规定本校不对家庭作业进行评分。这项政策的部分原因是，有些家长为了让孩子获得更高的分数，往往会插手并提供过多的帮助。当一些家长越俎代庖，在家庭作业上提供过多帮助时，通常是因为他们没有意识到自己的做法最终对孩子毫无帮助。取消评分环节后，要求孩子获得更高分的压力也随之消除。任何过度干预的倾向都在消减，这反过来又增强了学生依靠自己的努力学习更多知识的能力。结果，孩子们获得了更加高效的家庭作业体验。

2. 自我意识

在学习过程中，帮助者和学习者都能从自我意识中受益。帮助者必须知道什么时候应该忍耐，什么时候应该介入并提供支持。学习者也将受益于这一技能的发展，知道什么时候该请求更多帮助，什么时候该继续自己的努力。正如过早给予帮助会适得其反，同样，如果提供帮助太晚，孩子也会因为失去动力而放弃学习。

3. 与人合作

在寻求帮助的过程中，有一个社会因素需要我们牢记在心。求助管理要求学习者与老师、家长或朋友（能够帮助他们的人）保持联系。就像参加集体运动或其他共同学习的活动一样，孩子也可以从与他人合作中受益，尤其是在他们需要帮助的时候。

"同伴学习"可以为学习和发展提供丰富的情境。当同伴们一起完成一项任务时，他们可以分享各自的知识和专业技能，相互挑战对方的想法，并提供反馈和支持。同伴学习还可以通过培养人际关系、沟通技巧和归属感来促进社交和情感发展。[3]

我以前管理过一家科技初创公司，当时我注意到，我的 IT 团队愿意加入论坛以帮助他们找到技术问题的解决方案。当他们无法解决一个问题时，这些由其他技术从业者组成的论坛会帮助他们找到各种解决方案，并提供有益的见解。

此外，让我们来看看 2013 年发表的两项研究，一项是日本的堺屋史郎（Shiro Sakaiya）及其团队的研究，另一项是莱昂哈德·席巴赫（Leonhard Schibach）及其团队发表在剑桥大学出版社的研究。这两项研究都发现，"同伴学习"之类的互动学习环境可以显著提高学生的内在学习动机。[4,5] 人们继续社交互动的倾向和对未来同伴学习活动的高度期待，可以追溯到大脑中与奖赏相关的神经通路。当这些通路通过社交互动受到刺激时，可能会导致多巴胺分泌增加。这种生化反应强化了持续互动的欲望，并为未来的合作学习创造了兴奋感。[6,7]

教育工作者通常会根据帮助的提供方式和时机上的差异而将帮助分为两类，即"执行性帮助"和"工具性帮助"。如果过早给予帮助，即教师、辅导教师或家长绕过学习过程，过快地介入以提供支持，那就是"执行性帮助"。如果在正确的时间以正确的方式提供帮助，则属于"工具性帮助"。

当我女儿还在读高中时，她在某些数学概念上学得很吃力，于是我请了几个家教来帮助她掌握这些知识。我注意到她的家教老师有时太快给她答案。他们没有给她机会自己解决问题，让她在寻找答案的过程中努力和挣扎。这样，他们就没有真正帮助她打好所需的学习基础。此外，只要她的辅导老师抽出时间问她一些好问题，并让她自己思考家庭作业中的难题，而不是过早地给出答案时，她就能巩固自己的学习基础。

在第三部分"学习策略管理"的开篇中，我们分享了这样一个故事：一个男孩看到了一个茧，他以为用剪刀剪开茧就能帮助毛毛虫加速蜕变。小男孩不知道的是，蝴蝶需要挣扎着破茧而出，才能完全发育成熟。他帮得太多了，实际上伤害了蝴蝶。同样，对于我们的孩子来说，有些挣扎是至关重要的。

他们必须自己尝试，努力学习和理解一个概念。只有在他们经历了几次失败的尝试之后，我们才能介入并提供有针对性的支持。有效的帮助必须是工具性的。[8, 9]

在上面的每个场景中，提供帮助的方式都是有对错之分的。关键是要在正确的时间以正确的方式提供帮助，这样才能最有效地帮助学习者。过早或过晚提供过多的帮助都会有害无益。但是，如果在提供帮助时考虑到学习的"脚手架"、自我意识和协作的理念，就能帮助我们的孩子成长和发展他们所需的技能，使他们成为更强大、更有能力的学习者。

研究回顾

◎ 当求助管理与其他学习策略（如时间管理、空间管理和知识管理）同时使用时，它的效果最佳。从本质上讲，求助管理能使其他策略更加有用。

◎ 有效的帮助必须是工具性的，而不是执行性的。

◎ 如果你能在适当的时候以适当的方式给予帮助，你的孩子就能巩固自己的学习基础。

在认识到以正确的方式寻求帮助的必要性和价值之后，我们可以通过以下一些实用方法来支持我们的学习者在这方面努力。

● **保持耐心**：正如我们所说的那样，只有在孩子有机会通过自己的努力解决某个问题之后，我们的干预才有帮助，因为这时我们提供的是工具性帮助。有时候，孩子需要的"帮助"应该以暗示的形式出现，而不是让我们越俎代庖。作为家长，我们必须学会耐心等待，避免过早或过多地提供帮助。我们提供的帮助只是为他们最终如何自己解决问题搭建"脚手架"或参考框架。

● **给孩子示范求助行为**：孩子们会通过观察和模仿他人的行为来学习。父母可以在需要帮助时寻求帮助并乐于接受他人的帮助，从而给孩子示范求助管理的有效方式。在感恩节菜谱方面寻求你的母亲的帮助，或者在遇到汽车修理方面的挑战时打电话向值得信赖的机械师寻求建议，这些都是求助行为的体现。让孩子参与这些经历，让他们看到，你是如何在朋友或家人的帮助下克服大大小小的困难的。

- **教孩子识别自己的需求**：孩子们必须学会识别何时需要帮助以及需要何种帮助。家长可以通过提出开放式问题和鼓励孩子们谈论自己的想法和感受来支持他们。

- **指导孩子如何寻求帮助**：孩子们需要学会如何有效地寻求帮助。这意味着他们要使用适当的语言，清楚地表明自己的需求，并且愿意接受他人的支持。

- **鼓励孩子从多种渠道寻求帮助**：孩子可以从多种渠道寻求帮助，但父母要确保孩子能找到合适的渠道。与孩子讨论出一份合适的人名单，如老师、父母、同伴和其他值得信赖的成年人。鼓励孩子探索不同的选择，找到最适合他们自己的方法。

- **提供积极的强化措施**：肯定孩子在寻求帮助和解决问题方面的努力和成功。为他们的进步喝彩，并鼓励他们在需要时继续寻求帮助。

- **鼓励独立**：虽然在孩子需要时提供支持和帮助很重要，但鼓励孩子自己解决问题也很重要。这将有助于他们培养自己解决问题的技能，增强他们应对挑战的信心。

如果你发现你的孩子在寻求你的帮助或老师的帮助时犹豫不决，那么，创造一个支持性的学习环境，让孩子在需要帮助时可以舒适地寻求帮助，这一点很重要。以下是一些有助于做到这一点的策略：

- **与你的孩子建立积极和互相信任的关系（见图 3-9）。**这可以通过平易近人、不吹毛求疵以及对孩子的学习表现出真正的兴趣来实现。

图 3-9 父母与孩子之间的对话

- **让求助行为成为一种常态。**向孩子解释，寻求帮助是可以的，也是很自然的，每个人都有需要帮助的时候。
- **为你的孩子提供从老师或家长那里获得帮助的机会。**这可以通过提供课后辅导或与老师约定辅导时间来实现。

- **利用反馈和评估来确定孩子在哪些方面需要帮助。**定期检查可以为孩子提供空间，让他们在遇到困难时寻求帮助。
- **让孩子掌握学习的主动权**，鼓励他们自己决定何时需要帮助。鼓励他们针对需要额外支持的方面制订计划。

如果你的孩子过于依赖别人的帮助，我们也有办法解决这种行为。首先，要设定明确的期望值，并逐渐减少你提供的帮助。同样重要的是，要强化孩子的积极行为，并在他努力自己解决问题时给予表扬。随着时间的推移，孩子会学会独立解决问题，并对自己的能力更加自信。

总的来说，让孩子掌握学习的主动权并鼓励他们确定自己何时需要帮助非常重要。但是，如果他们一直在苦苦挣扎却不寻求帮助，家长和老师可能需要介入并提供指导或支持。家长和老师应该根据自己的判断来决定孩子是否需要在某个领域得到帮助或支持。

阿蒂姆已经分享了他多年来注意到的一个现象：最成功的学生往往是那些在遇到不明白的地方时愿意打破砂锅问到底的人。虽然有些学生会拼命做笔记，不愿开动脑筋钻研，甚至侥幸地猜测答案，但那些在不清楚时愿意反问的学生最有可能真正掌握所学内容。这些学生不会等到练习结束才寻求帮助，相反，他们会暂停讨论来解决自己的疑惑。当众举手并愿意说出自己不明白的地方，这在社交上可能是一种挑战。但为了理解一个话题，有时学生必须努力做到这一点。这其中最关键的是，我们的学习者要有足够的勇气，知道何时举手寻求帮助；要有足够的自知之明，知道问什么和该问谁；要训练自己如何提出正确的问题，既能支持自己的课业，又不会泄露太多信息。我们为孩子提供这些求助管理策略，旨在有效地帮助他们在学业上取得成功。

行动计划

◎ 教给孩子新技能的第一步通常是示范。不要害怕让孩子知道你不懂的地方，并让他们知道你将如何寻求帮助。

◎ 和孩子谈谈他们可以向谁寻求帮助。找出孩子需要帮助时可以求助的同伴、老师和其他值得信赖的人。

◎ 当你看到孩子以正确的方式寻求正确的帮助时，让他们知道他们做到了！鼓励他们今后继续这样做。

第十三章　努力管理

克里斯·约翰逊（Chris Johnson）出生在佛罗里达州奥兰多，他是一名美国橄榄球跑卫，因惊人的速度而闻名。[1] 约翰逊由单亲妈妈抚养长大，他在接受《我是运动员》（*I Am Athlete*）[2] 节目采访时表示，他小时候成长在"贫民窟"，决心通过努力改变自己的生活。

高中最后一年的一次腿部受伤使约翰逊错过了多场橄榄球比赛，这让他失去了职业球探的关注。更糟糕的是，约翰逊的成绩很差。如果不全力扭转局面，他有可能会失去参加 NCAA 联赛的资格和在大学打球的机会。

乔希·斯塔普（Josh Staph）[3] 说，正是在这个时候，约翰逊真正下定决心要取得成功。他对职业体育生涯的渴望"促使他每天上夜校到晚上 9 点以提高自己的成绩"。在同一篇文章中，约翰逊分享说："在我的家乡，有很多天赋异禀的人都没有成功。我一直明白，努力学习是我能做的最重要的事情之一。"东卡罗莱纳大学的主教练约翰·汤普森（John Thompson）向他提供了一份奖学金，条件是他愿意继续努力提高自己的成绩。约翰逊抓住了这个机会，不断提高自己的成绩，到了东卡罗莱纳大学的最后一个赛季，他已经成为美国在全能运动方面表现最出色的球员了。在 2008 年的在美国国家橄榄球联盟（NFL）联合试训中，约翰逊再次获得了证明自己的机会。他在 40 码（1 码 =0.914 米）短跑中以 4.24 秒的惊人成绩创造了联合试训纪录，令所有人都为之惊叹。结果，他成为田纳西泰坦队的首轮选秀对象。自从约翰逊获得了在 NFL 打球的机会，他就从未停止过全力以赴。在他的职业生涯中，他一共打了 10 个赛季，累计冲刺距离达 9651 码，触地得分 55 次。他曾被评为 NFL 年度最佳进攻球员和美国第一阵容明星队成员。

约翰逊在多年的不懈努力后，终于在职业橄榄球领域取得了成功。面对一次又一次的艰难攀登，约翰逊坚持不懈地努力克服障碍以实现自己的梦想。无论是伤愈复出，还是拼命提高成绩，约翰逊都能在关键时刻付出必要的努力。

是什么让约翰逊能够在别人失败和沦为环境的牺牲品时坚持不懈呢？我们的研究表明，努力管理在其中扮演了重要角色。努力管理是指一个人坚持实现目标的能力，[4] 它还指一个人根据任务的难度和重要性来调节自己的努力程度和注意力的能力。

孩子的努力管理能力对其学业成功与否起着至关重要的作用。如果孩子能够学会保持专注和动力，即使面对的是具有挑战性或乏味的学习内容，他们也会更有可能去克服困难。

这里有几种关键技能与努力管理能力的发展息息相关，比如，韧性、意志力、自控力和延迟满足感的能力。让我们思考一下，我们该如何看待这些技能，然后看看每种技能与学习者努力管理能力的发展有什么独特的联系。

- **韧性**：韧性指的是在面对挑战或逆境时能够忍耐、反弹或迅速恢复的能力；韧性还指一个人在面对不幸或变化时能够表现出坚韧不拔的精神。[5] 在克里斯·约翰逊的故事中，我们可以清晰地看到他的韧性。他在面对挑战时的韧性使他与众不同。正是这种能力使他获得了成功。他曾是一个机会不多的孩子，但他拥有强大的韧性，能够克服生活抛给他的困难。

- **意志力**：意志力指的是一个人抵制眼前诱惑和控制不良思想、情绪或冲动的能力。与韧性一样，意志力指的是一个人面对困难时坚持不懈的能力。[6] 最近关于意志力的研究发现，一个人对意志力的看法具有自我实现性。[7] 如果你认为自己的意志力很容易被耗尽，那么它就会被耗尽。相反，如果你认为抵制诱惑会让你精力充沛，那么，意志力的使用会让你充满活力地继续前进。换句话说，意志力是一种可以通过经常使用和练习来锻炼的心智肌肉。

- **自控力**：自控力是指能够控制自己的能力，特别是指能够调节情绪和欲望，或者控制它们在行为中的表现，尤其是在面临挑战性情境的时候。[8] 例如，一个学习者选择为数学考试而学习，而不是与朋友聊天或观看一部新电影，这就是自控力的一个例子。自控力在校园环境中尤为重要，因为学习者可能认识到学业对他们未来的重要性，只是目前并不喜欢学习，并且很容易被其他看似更有趣的活动分散注意力。

- **延迟满足感的能力**：延迟满足感指的是抵制眼前奖赏的诱惑，转而等待未来更大、更有价值的奖赏的能力。斯坦福大学的著名棉花糖实验[9]（始于 20 世纪 70 年代）展示了延迟满足感的好处。在这个研究中，孩子们被给予两个选择：一个是立即得到较小的奖励（一个棉花糖），另一个是等待 15 分钟，然后得到两个棉花糖。后续研究表明，那些在等待更优厚回报时表现出更大耐心的孩子，其 SAT 成绩、[10] 受教育程度、[11] 身体质量指数（BMI）[12] 以及其他生活质量指标[13] 都得到了显著的提升。

虽然这四种技能——韧性、意志力、自控力和延迟满足感的能力——都与努力管理有关，但它们各自扮演着不同的角色。例如，考虑一下每项技能对于马拉松运动员训练的努力管理有什么重要意义。

- 高水平的自控力使运动员能够克制自己不吃不健康的食物。即使垃圾食品是他喜欢的食物，但他意识到，如果他想在比赛中取得好成绩，就应该避免食用会让自己变得迟钝或缓慢的食物。

- 运动员对甜食的克制也凸显了他们对延迟满足感的重要性的认识。这些零食可能当下很美味，但成功完成比赛的喜悦是他们期待的更高层次的满足感。

- 在训练期间，如果他们的膝盖受伤，他们的意志力会让他抵制放弃训练的诱惑。每当他们对努力克服伤病、痊愈并恢复比赛训练产生消极想法时，他们的意志力就会发挥作用，帮助他们渡过难关。

- 从伤病中痊愈和康复的过程可以培养他们的韧性，这不仅体现在他们身为跑步运动员的身份上，更体现在他们的人格特质中。他们的坚强意志将使他们成为独特的运动员——能够克服逆境并直面挑战以取得成功的运动员。

这些技能的加强都与努力管理能力的发展直接相关。学习者在这些方面的能力越强，他们的努力管理能力就越强。因此，当学习遇到困难时，他们成功的可能性也会提高。

父母的示范和直接指导可以让孩子学习和体验到更强的适应力、更大的意志力、持久的自控力和持续的延迟满足感所带来的好处。这样，他们就能培养专注于长期目标的能力，并在挑战和挫折中坚持不懈，从而实现目标。他们将形成一种思维习惯，将失败和障碍视为学习和个人发展的机会，而不是放弃的理由。这些技能的定期练习将有助于努力管理能力的全面发展，或者说，即使在面对具有挑战性或乏味的学习内容时，他们也能坚持不懈、保持专注并继续前进。

我们有很多方法可以教给孩子努力管理的技能。玩棋盘游戏就是一个很好的选择。通过等待轮到自己的机会并抵制做出冲动举动的诱惑，他们学会了自我控制和延迟满足感。当孩子们在棋类游戏中输掉比赛时，他们会学到抗挫折能力，知道如何应对失望，以及如何从挫折中恢复过来。

其他活动，比如学习一种乐器或掌握一项新的运动技能，也可以帮助孩子们培养意志力和韧性，因为这些活动需要持续不断的努力和坚持不懈的付出，尤其是在活动初期，因为这些活动是完全陌生且新奇的。这些活动需要大量的练习时间，频繁练习有助于孩子们学会专注于长期目标，延迟眼前的满足感，因为他们在这样做的时候不得不拒绝做其他的事情。

最后，积极参与体育活动是培养努力管理能力和坚韧不拔品质的强大方式。阿蒂姆记得自己在高中时参加过一个摔跤俱乐部（见图 3-10）。许多学生都来参加训练，学习这项高难度的运动。然而，训练并不适合缺乏坚韧品质的人，因为它需要艰苦的努力、坚定的奉献精神和大量的艰苦训练。学年开始时，会有大约 80 名学生加入俱乐部，但没过几周，人数就会随着训练难度的增加而减少。到学年结束时，只有那些有毅力和有韧性的 20 名运动员留在了俱乐部。阿蒂姆记得他的教练埃里克·海森（Eric Hensen）在训练和减肥阶段最艰难的时候经常提醒年轻运动员："如果你们能挺过这一关，就能在生活中挺过任何事情。"他说得没错。研究表明，积极参与体育运动可以提高人们在健身房以外的抗压能力和努力程度。[14]

图 3-10 摔跤比赛

当你的孩子将这些策略与本书的基本原则（包括动机、信念和态度）相结合时，他们的努力管理能力将得到最佳发展。内在动机支持努力管理，例如，当孩子坚持完成一项艰苦的锻炼、努力理解一个新的想法或坚持完成一个项目直到最后。例如，当我还在培养游泳技能的时候，我经常会问自己"为什么"。我为什么要参加另一场比赛，我为什么要继续练习？我想成为一名更好的游泳运动员的内在动机帮助我记住了我要游泳的原因。这让我在遇到困难时能够坚持下去。有几次我非常气馁，想要放弃，但内在动机让我坚持了下来。我坚持是因为我想为我的女儿、学生和家人树立一个好榜样。我告诉自己，无论遇到什么挑战，我都会完成自己已经开始的事情。

请记住，孩子的意志力既可以基于内在动机，也可以基于外在动机，但内在动机总是更胜一筹。例如，一个内在动机可驱使学习新技能（比如，弹吉他或阅读）的孩子在面对挑战时表现出更强的意志力、自控力和韧性。他们喜欢这个过程，并感觉这很有成就感，所以，即使困难重重，他们也会坚持练习。此外，如果孩子学习相同技能的动机来自外部激励（例如，父母答应给他们好吃的或玩具），那么，当他们遇到困难时，可能会更容易放弃，尤其是当他们觉得父母承诺的奖励不值得为学习技能而付出努力的时候。这是因为他们的学习动机与外部奖励有关，而不是因为个人的兴趣或乐趣。正如前面讨论的，与外在动机相比，内在动机能赋予学习者更强的意志力、自控力和韧性。虽然外在动机也能达到同样的积极效果，但内在动机的影响力更深入、更持久。

接下来我们谈一谈"信念"，这是我们在第五章中讨论的一个概念：一个拥有健康信念的学习者相信自己有能力完成一项任务或实现一个目标。他们相信自己拥有走向成功的所有必要工具，他们只需要努力工作，保持专注，全身心地去实现他们的目标。这些健康的信念只会提升孩子的努力管理能力，因为健康的信念会增加孩子在遇到困难时坚持下去的可能性。就像克里斯·约翰逊一样，即使在面临挑战的环境中，他仍然相信自己的能力，并努力证明自己。你的孩子也可以依靠他对自己能力的健康信念，成功掌握一门新学科。

无论何时，只要我们尝试学习新知识，就不可避免地会遇到挑战。我们的孩子在努力学习一门新学科时也会遇到挑战。这也是我年少时百思不得其解的问题。例如，当我尝试学习弹吉他时，我会感到手指疼痛，并且在练习过程中手指上开始长出老茧。我不相信自己有能力学好乐器。我无法忍痛坚持下去。结果，我过早地放弃了吉他课程，还没来得及体验到培养这项技能的收获。因此，超级聪明的学习者的正确态度就是培养对抗挑战和面对障碍的坚持能力，如果学习者能够接受这等难事，并认识到挣扎是学习过程中自然而必要的一部分，他们就会培养出坚韧不拔的正确态度，并最终在学业追求中取得更大的成功。

本书第二部分涉及的另一个基本原则与努力管理有着密切的联系，这就是自我效能感。大家可能还记得，自我效能感是指学习者相信自己有能力取得成功的信念。就像意志力具有自我实现的特点一样，自我效能感与努力管理之间也存在着联系。孩子越多地锻炼与努力管理相关的技能，即越多地培养他们的韧性、自控力和意志力，他们的自我效能感就会越强，学习效果也会越好。当他们看到为了学习而放弃短期娱乐、锻炼自控力和延迟满足感的好处时，他们就会发现自己的知识量和技能都在不断提高，这将体现在更好的学习成果和更高的成绩上。随着他们在学习过程中不断进步，他们会对自己的能力更有信心，这也会鼓励他们学习更多的知识。同样，他们越是锻炼意志力和韧性，越是坚持不懈地完成一项艰巨的任务，就越能建立起对自己能力的信心，体验到这样做的回报，也就越有可能在未来再次重复这样的努力。

许多人在遇到困难时会轻易放弃。我的教练告诉我，许多人会在每年的年初办理健身会员卡，但到了年底，大多数人已经不再去锻炼了。尤其是孩子，如果他们第一次尝试某件事就无法做到，那么他们就会轻易放弃。只要频繁练习，每个人都可以做得更好，我们可以克服天生的放弃倾向。这要从树立榜样开始。当孩子们看到他们的父母在练习努力管理的技能时，当他们看到父母表现出的韧性、意志力、自控力和延迟满足感的能力时，他们很可能也会见证这样做的好处。这就是为什么我们不仅要以身作则，实践努力管理，还要一路与孩子沟通，这一点至关重要。向你的孩子解释你在做什么以及为什么要做，让他看到努力的艰辛，同时也让他见证努力的回报。

现在，我们已经强调了努力管理能力的发展可能带来的众多积极成果，但其另一面也值得探讨。努力管理能力的不足[15]可能会产生以下几点严重后果：

- **辍学倾向**：研究表明，缺乏与努力管理相关的技能（如韧性）会导致辍学率升高。好消息是，事实也证明了相反的情况。培养努力管理能力可以防止学生辍学。[16]

- **压力和焦虑增加**：缺乏努力管理的孩子很容易被压力和焦虑压垮。他们可能难以应付困难的局面，更容易出现焦虑、抑郁或其他心理健康问题。

- **社交困难**：缺乏韧性的孩子可能难以结交朋友和维持友谊，也可能难以解决与同龄人的冲突。他们也可能更容易从事危险行为，或者表现出攻击性或冲动行为。

研究回顾

◎ 努力管理是一种可以通过实践来发展和加强的策略。

◎ 我们天生的韧性、意志力或自控力并不是有限的，相反，学习者越频繁练习这些技能，他们在每个领域获得的力量就越大。

◎ 延迟满足感和自控力能让学习者专注于长期目标，并为实现这些目标坚持不懈地应对挑战。

努力管理不善所带来的负面影响可能会激励你更多地支持孩子发展这一策略。为了帮助你，下面我将介绍一些值得借鉴的最佳做法：

- **把任务分解成较小的、易于管理的小块**：当孩子们面对一个庞大而令人畏惧的任务时，他们很容易感到不知所措，然后失去动力。通过将任务分解成较小的、更容易实现的小块，孩子们可以体验到更强的掌控感，并有效提高他们持续努力的能力。

- **设定可实现的目标**：太具挑战性的目标可能会令人泄气，而太容易达成的目标可能无法提供足够的挑战。鼓励孩子设定既可达成又需要付出努力和挑战的目标。

- **提供定期反馈**：定期反馈可以帮助孩子们了解自己做得好的地方以及需要改进的地方。这有助于他们保持动力和持续努力，以便不断提高自己的技能。

- **鼓励自我反思**：鼓励孩子反思自己的学习过程以及哪些策略对他们有效。这有助于他们更好地认识自己的强项和弱势，并做出调整以保持努力的势头。

- **鼓励内在动机**：有内在动机的学习者更有可能在面对挑战时持续努力并坚持下去。鼓励你的孩子在学习过程中找到乐趣和意义，而不是依赖外部奖励或表扬。

- **赞美孩子的努力，而不只是表扬他们的成绩**：无论孩子是否达到预期目标，都要称赞他们的努力和付出。这有助于让他们认识到韧性、意志力、自控力和延迟满足感的价值，即使成功不会立刻到来。

- **支持你的孩子，但不要替他们解决一切问题**：与其解决孩子遇到的每一个小问题，不如让他们讨论自己的感受，并自行寻找解决方案。如果孩子在学校某门功课上遇到了困难，请抵制简单代劳的冲动。相反，要支持孩子自己努力寻找改进计划。帮助孩子发展独立成功的策略将增强他们对自己能力的信心。

- **帮助你的孩子识别和管理强烈的情绪**：承认孩子的感受

并给予支持，同时鼓励他们找到建设性的应对方式。

- **培养孩子的自我同情心**：教他们善待自己，尤其是在面对失望、失败或错误的时候。

- **以适合孩子年龄的方式帮助他们培养解决问题的能力**：例如，如果你的孩子在学校遇到另一个孩子表现得不友好或说了伤害他的话，你可以与他集思广益，让他下次遇到类似的情况时知道如何更好地应对。

- **为你的孩子找到面对类似挑战的正面榜样**：这种榜样人物可以是经历过类似情况并能提供实用建议的年长朋友或家人。

培养孩子的努力管理技能并非一朝一夕之事。但只要你坚持不懈地为孩子树立良好的榜样，并给予大量的鼓励，随着时间的推移，你将会看到孩子心态的转变，于是，他们会更好地控制自己的思想、情感和行动以实现自己的目标。坚持不懈是关键，尤其是在向孩子展示如何培养韧性、意志力、自控力和延迟满足感的能力的时候。你的孩子看到你越多地践行这些习惯，就越有可能沿着你的道路走下去。

切记，你同时还要倚重本书中的学习基础，如孩子的健康信念、内在动机和自我效能感，因为在其中一个方面增强实力只会对其他方面起到支持作用。随着时间的推移，这些做法将逐渐形成一股势头，最终使你的孩子能够充分发挥潜能，引领他走向成功。

行动计划

◎ 在家里培养一种节奏感，将本章概述的做法付诸实践。按照这些行动步骤，进一步支持和加强努力管理的良好实践。

◎ 从简单开始：本书有这么多好的策略，不知从何入手，可能会让人不知所措。从小事做起，明确讨论重要的行为，如设定目标、自我反省和解决问题，并制定简单的规则，逐步帮助孩子培养处理每种策略的能力。

◎ 建立学习常规：固定的学习日程可以帮助孩子更加熟悉自己的日常活动，有助于培养他们的努力管理能力。

◎ 融入体育活动：不要让学习的大蓝图给孩子造成过重的负担。给他们足够的时间进行精神休息和身体休息。学习活动与体育运动交替进行，可以帮助孩子集中注意力和调节他们的行为。

第十四章　元认知管理

　　在过去的几年里，我女儿在澳大利亚悉尼的一所大学攻读本科学位。有时，她会觉得自己没有充分利用学习机会。她知道自己的一些学习习惯还没有达到应有的水平。因此，在她开始攻读硕士课程时，我鼓励她反思自己的本科学习经历。我建议她列出一份她认为自己处理得很好的事项清单，以及一份她所知道的那些不能使她的努力最有成效的习惯清单。我希望帮助她确定哪些做法可以重复，哪些地方可以改进。我提供指导是为了帮助她做好准备，以便她在研究生院的学习中取得更理想的成绩。

　　作为父母，我们的角色往往是鼓励者，为孩子指明正确的方向，并温和地提醒他们在哪些方面可以改进，以及如何改进。有时，我的女儿会因为所学内容的复杂性而感到不知所措。摆在她面前的工作可能会让她觉得不可能完成，这会让她失去希望和动力。有时候，她可以独自处理这些情绪，有空间和时间来考虑自己的目标和动机。她明白，如果她需要指导和支持，我会在她身边。还有些时候，我需要介入，提供鼓励并帮助她重新集中注意力。我会提醒她当初为什么选择这个专业领域，重温那些让她选择这个专业的长期目标和梦想。当她开始学习一门具有挑战性的新课程时，我会鼓励她暂停一下，做做深呼吸，先迈出一小步。我会提醒她，她所学的知识需要通过练习才能掌握，只要她付出努力，就一定能够学好这门课程。她只是不能让自己过早放弃，否则她就无法看到自己的努力取得成果的场景。换句话说，我致力于解决她的内在动机和控制信念问题。

我的女儿花时间思考她的学习过程并考虑如何改进，就是元认知管理在行动中的一个明显例子。元认知是一种对自己的思维进行思考的能力，它就像一种工具，可以帮助你管理自己的思维和行动，从而成为一个更好的学习者和问题解决者。当我们的孩子运用元认知管理时，他们会反思自己的学习过程，弄清楚自己已经掌握了什么、还需要学习什么和如何学习。他们还会监测自己的学习进度，检查自己的理解能力，并根据需要调整学习策略。

元认知管理的另一种描述方式是"保持观望，鸟瞰自己"。这是对自己思维过程的一种认识，也是对思维过程背后模式的一种理解。它鼓励你问自己一些问题，例如，"我现在做得怎么样"或"我以前做得怎么样"。因为，这与一项任务或对一个新课题的理解有关。这是一种思考自己思维的能力。元认知管理还代表了高阶思维模式，包括规划、监测和评估自身学习和解决问题过程的能力。这对我们的学习者来说是重要的工作，尤其是，当他们在学习中变得更加成熟和独立的时候。

元认知管理包括两个主要组成部分：

- **思维管理**：这包括了解自己关于学习的思维、感受和信念。我们的孩子可以利用这些知识来更好地决定如何完成学习任务、如何监测自己的学习进度以及如何调节自己的情绪和动机。
- **过程管理**：这涉及分析自己采用的不同策略和技巧，以便更有效地学习。例如，你的孩子最初可能专注于划重点和重读，但决定优先采用回忆和阐释策略，更深入地理解指定的阅读内容。他还可能使用自我测试、自我解释或目标设定等策略来监测自己的学习进度，并保持学习的动力。

元认知管理是将我们迄今为止讨论的所有策略联系在一起的关键策略。如果你把所有的学习策略都想象成"手指"，那么，元认知管理就是"拇指"。人类的拇指是对生的，这意味着它可以自由触碰到其他四个手指，这使我们能够非常精确地抓取和操纵物体。对生拇指使我们能够对手部进行高度控制，从而执行精确的动作。同样，元认知可以让我们监测和调节自己的思维和学习过程，从而帮助我们保持正确的方向，更准确地实现学习目标。

最近，我对自己的拇指有了新的认识。由于我坚持游泳，我的右手拇指变得虚弱且疼痛。我连拿一本书这样的基本动作都无法完成。我甚至连拿起一件行李都很吃力！我必须接受治疗，帮助拇指恢复正常。在我受伤之前，我的拇指几乎被我忽视了。它毕竟只是一根手指，不应该有那么大的影响。我当然不会把它看作是我日常工作能力不可或缺的一部分。但是，我的拇指让我的手能够做一些事情，比如抓握或移动物品。如果没有拇指，我的其他四根手指就很难完成许多我用拇指就能轻松完成的动作。我的拇指让我的其他四根手指发挥出最佳状态。想想看：只用食指抓握一本书要比加上拇指抓握一本书难得多。

元认知管理的重要性类似于我们的拇指，它是汇集所有其他策略的关键策略，如果没有元认知，我们的孩子将无法充分发挥他们的学习潜能。它是一种巩固基础原则和学习策略的最佳策略。它能让我们的孩子加快学习进程，取得长期成功。这对于让我们的孩子成为更加独立、更善于自我调节的学习者尤为重要。孩子们通过培养自己的元认知技能，能够掌控自己的学习过程，在学校中变得更加自信和成功。孩子们掌握元认知管理的那一刻，就是他们达到最佳学习状态的时刻。

研究表明，元认知管理可以长期影响学习。大谷（Ohtani）的研究工作[1]表明，元认知技能对学业成绩的独特贡献超出了一般智力所能解释的范围。这项研究还发现，在各个年龄段的学生中，包括小学生和中学生，学习成绩与元认知之间存在一致的关系。这表明，培养孩子养成元认知管理的习惯，可以使所有年龄段的学生的学习成绩得到提高。德博尔（De Boer）及其同事的研究[2]发现，元认知在较长时期内对学习成绩有积极影响，这突出了投入精力和专注力发展这一策略的重要性，以支持孩子持续、终身追求知识。

元认知管理策略在学习的三个阶段尤为明显和有用。这三个阶段分别是：孩子们开始设定目标并规划如何取得成功的阶段（准备阶段）、他们监测自己的学习进度的阶段（表现阶段）、他们反思自己的学习的阶段（评议阶段）。请参考以下示例，了解如何在每个阶段为学习者提供支持：

1. 准备阶段

这是在执行学习任务或做作业之前进行规划的阶段。这一阶段的学习至关重要，因为它为接下来的其他两个阶段奠定了基础。在这个阶段，学习者会提出这样的问题："在开始学习之前，我能做些什么来做好准备？"

例如，篮球运动员知道他的目标是上篮得分，赢得比赛。处于准备阶段的球员会问自己："我需要做哪些投篮练习才能得分更多？""我如何才能更好地为比赛做好准备？"

同样，当学生准备考试时，元认知管理可能包括设定具体的目标（即在考试中想要取得的成绩）、将材料分解为易于管理的小块，并制订学习计划以确保在考试前有足够的时间复习所有材料。元认知管理还包括采取积极的措施来为学习过程的成功做好准备。这可能包括决定如何分配时间和资源，以及确定处理任务的优先顺序。

我鼓励女儿在研究生学习之前做的很多事情都属于预备计划的范畴。我在指导她如何为下学期的学业成功做好准备。

准备工作是第一步，也是重要的一步，它决定了学习开始后应采取哪些策略。例如，当一个孩子查看即将到来的日程表和课程清单时，重要的是让他考虑应该使用哪些策略来最有效地记住所学内容。他们可能需要采用或辅助使用"求助管理"，这取决于他们对该主题的熟悉程度。在开始学习之前，他们会考虑是否优化了空间管理策略。他们会意识到自己可以使用的所有策略，这是他们获得最佳学习效果的关键因素。

我们的孩子需要确定哪些科目的学习是其首要任务。他们的时间是有限的，不可能将每个学习策略应用于每个科目。因此，他们需要决定在哪里投入更多的精力。此外，请记住，本书中的策略不能孤立地使用。有时，某些策略需要优先考虑，但它们必须相互配合才能达到最佳效果。

要强调这一准备阶段的重要性，方法之一是让我们来看看，如果孩子没有为学习做好充分准备会发生什么。当孩子缺乏必要的技能和策略来进行有效的计划和准备时，他们可能会遭遇一系列不良后果。例如：

- **拖延**：没有明确的目标和行动计划，孩子可能很难开始一项任务，这可能会导致任务完成时间的延误。

- **时间管理不善**：如果没有一个条理清晰的学习时间表，或者不了解如何有效地分配时间，孩子可能难以平衡各种时间需求，例如，课外活动和社会义务。

- **不堪重负的工作量**：如果不确定任务的轻重缓急，或者不把大量的作业分解成易于处理的小块，孩子可能会被需要完成的工作量压垮，从而产生焦虑感。

- **缺乏方向感**：如果没有明确的目标或行动计划，孩子可能会感到迷茫，不知道自己需要完成什么任务，这可能会导致他们在学习过程中缺乏动力和参与感。

有了适当的准备，孩子就可以避免这些问题，获得更有吸引力、互动性和启发性的学习体验。

2. 表现阶段

在这一阶段，孩子在学习或研究的过程中可以择时暂停一下，以便评估他们是否应继续或改变所采取的学习策略。学习已然开始，在继续学习的过程中，孩子应随时准备监测事情的发展情况，以便在事情没有按计划发展时对学习过程进行调整。

在学习过程中的这一阶段，孩子应该能够监控自己的学习进度，并确定自己的策略是否奏效。通常情况下，成绩监控包括自我提问，如"我是否理解了本次阅读的要点"或"我需要记住这次讲座的哪些要点"。自我提问可以帮助孩子确定他们所选择和练习的学习策略是否有效，是否能帮助他们更好地记忆所学内容，以及他们在哪些方面可能需要调整学习方法。

请记住，对于在表现阶段的什么时候应该进行反思，并没有明确的答案。需要考虑的因素包括孩子的情况、教材的复杂程度、时间分配、学习目标等。一般来说，孩子应该在每节课或每个学习时段内专注于练习一两个策略以确保有足够的专注力。

我们建议孩子设定一个评估学习策略的截止日期，比如2～4周，并在截止日期到来之前，集中精力实施当前的策略，并给当前策略一个发展的机会。一旦到了截止日期，他们就可以使用"元认知管理"策略来评估自己的进步，并估算是否应该对策略进行微调。不过，在这2～4周的时间里，他们应该忘记策略切换的可能，忽略对当前策略的任何怀疑，给它一个发挥作用的机会。

如果孩子在最初的2～4周不做任何策略改变，就能避免花费过多时间去质疑和转换策略，以免产生挫败感并放弃元认知管理的方法。

在截止日期之后，孩子可以反思和评估自己的策略是否有效，并根据需要做出调整。这种方法可以在积极监控学习成绩与避免过度自我怀疑和策略切换之间取得平衡，让孩子能够全身心地投入到学习中，同时还能在实现目标方面取得进展。

以下是一些值得考虑且有效的成绩监控策略：

- **反思**：反思是元认知管理的关键组成部分，孩子可以使用它来评估自己的学习策略。他们可以问自己一些问题，比如："我的学习策略对我的效果如何？""我可以采取什么不同的方法来提高我的学习效果？"孩子通过反思自己的学习过程，可以发现自己当前的学习策略在哪些方面行之有效，而在哪些方面需要做出改变。

- **创造性地憧憬某个场景**：孩子可以想象自己使用不同的学习策略的场景，并评估它们的有效性。你可以建议你的孩子创造性地憧憬某个场景，这样他就可以发挥自己的想象力，并对自己的学习过程获得新的洞见。

- **寻求反馈意见**：孩子还可以就自己的学习策略寻求他人（如教师、同伴或辅导教师）的反馈意见。他们可以问一些问题，比如："你认为我的学习方法怎么样？""你认为我可以在哪些方面改进我的学习策略？"孩子可以通过从他人那里获得反馈意见，针对自己的强项和弱势寻求宝贵的见解，并做出相应的调整。研究表明，有效的反馈可以促进元认知意识[3]（识别、监控和理解自己思维过程的能力，包括了解自己在学习和解决问题方面的强项和弱项）、自我调节（控制和管理自己思想、情绪和行为的能力，以便实现特定目标并有效地适应不同的情况）和学习成果。

- **自我监控**：孩子可以使用自我监控技术来评估自己的学习策略。例如，他们可以写学习日志，记录自己的学习习惯，确定哪些习惯有效、哪些习惯无效。他们可以定期查看学习日志，确定自己学习过程中的模式和趋势，并根据需要进行调整。

- **同伴评议**：孩子可以分组学习，评估彼此的学习策略。通过观察和评估同伴的学习策略，孩子可以对自己的学习过程获得新的见解，并确定他们需要做出改变的领域。

- **试验**：孩子可以尝试不同的学习策略，看看哪种最适合自己。例如，他们可以尝试使用抽认卡、记笔记或绘制思维导图，并评估其效果。学习者可以通过尝试不同的策略，找出最适合自己的方法，并相应地调整自己的学习方法。

- **角色扮演**：孩子可以扮演教师，从教师的角度评估自己的学习策略。例如，他们可以为所学概念设计教案，并像教别人一样评估自己学习策略的有效性。

- **思维导图**：孩子可以使用思维导图软件来直观地展示自己的学习策略，并评估其有效性。他们还可以通过创建学习过程的直观展示，确定自己需要做出改变的地方，并看到不同概念之间的联系。

- **游戏化设计**：孩子可以设计一款学习小游戏，在游戏中，使用有效的学习策略可以得分，使用无效的学习策略则会丢分。孩子可以通过将学习过程游戏化，使学习过程更有吸引力和动力，并找出他们需要做出改变的地方。

需要注意的一点是，学习成绩监测策略会因学习内容的性质而有所不同。例如，学习复杂数学概念的学生可能需要参与更多的自我提问和问题解决活动，以便评估他们的理解能力；学习历史的学生可能需要更多地关注总结和批判性分析。

此外，表现阶段还可能涉及管理学习过程中的压力和焦虑的元认知策略。在评估过程中感到焦虑或压力的孩子可能会受益于实施成绩监控策略，如深呼吸、积极的自我对话或憧憬某个场景的技巧。

3. 评议阶段

这是孩子在完成任务后反思自己所学的阶段。这包括思考和分析自己的学习和思维过程。例如，学生可能会反思自己的学习习惯，并问自己："在这种学习情境中，什么对我有效？""下次我可以采取什么不同的方法来提高我的理解能力？"

在这一阶段，孩子要根据自己对所学材料的理解程度采取行动。仅仅反思和评估自己的学习进度和理解能力是不够的，孩子还必须利用这些信息来调整和改进自己的学习策略。这可能涉及改变学习习惯、寻求更多资源或支持，或者重新评估目标和计划。

评估过程的一个重要部分是自我评估，即反思自己对某一特定主题或任务的理解。例如，学生可能会问自己："我对理解这份材料有信心吗？""随着时间的推移，我在这一领域的技能有提高吗？"除了自我评估，评议阶段也可以受益于外部审查。这包括从其他人那里寻求关于特定主题的反馈，比如同学、学习伙伴，或者有专业知识或经验的人。这可以帮助孩子确定还需要在哪些方面下功夫，并提供如何改进的指导意见。

评议一个人的进步最客观的方法可能就是自我测试。这还包括通过练习测验或测试来评估自己对知识的掌握情况和理解能力。自我测试可以帮助孩子确定需要进一步学习的领域，并跟踪一段时间内的进展情况。

那些年幼孩子的父母，可以使用不同的类比方式来传达学习过程中三个元认知阶段的概念（见图3-11）。家长可以通过使用类比和适合孩子年龄的语言，帮助孩子理解在开始一项任务前制订计划、在途中关注自己的进步以及在完成任务后反思所学知识的重要性。

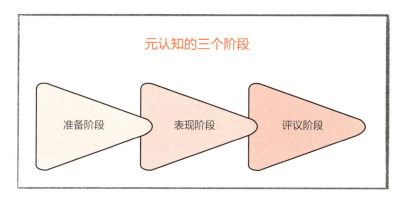

图 3-11　元认知的三个阶段

当谈及元认知的三个阶段时，你可以把学习想象成一场穿越陌生森林的旅程。在准备阶段，你要收集旅行所需的一切用品，规划好路线，并想好沿途可能遇到的障碍。这就好比在徒步旅行之前，要收拾背包、绘制地图、研究地形。在表现阶段，你开始你的旅程，并密切关注周围的环境。你会注意到你周围的动植物，天气如何影响你的旅程，以及你是否走对了路。这就好比检查地图和指南针，确保不会迷路，并在必要时调整路线。最后，在评议阶段，你要停下来休息一下。你要回顾自己走过的路，评估自己是否取得了进步，面临了哪些挑战，以及到目前为止你学到了什么。这就像是你喘了一口气，看了看身后的小路，反思一下自己的旅程。

研究回顾

◎ 元认知管理技能的发展可以帮助孩子在学习中更具战略性和自主性。

◎ 随着时间的推移，元认知会对学习成绩产生积极影响，并有助于孩子的整体学业成功和发展。

◎ 不同年龄段学生的学习成绩与元认知之间的关系是一致的，这表明元认知管理培训有助于提高各年龄段孩子的学习成绩。

◎ 元认知技能对学业成绩的独特贡献超出了一般智力所能解释的范围，因此这一策略是成功学习的一个关键方面。

对于年幼的孩子来说，他们可能还没有准备好采用本章中概述的所有元认知策略，我建议父母从培养他们的内在动机、控制信念和自我效能等基本原则入手。父母可以通过提出开放式问题、鼓励自我反思和提供反馈等活动来提供支持。父母也可以利用适合儿童年龄的问题和故事，播下元认知的种子。例如，父母可以提出一些问题，促使孩子思考为什么他们能够记住某些信息，或者帮助他们思考他们在上课之前做了什么，从而帮助他们更有准备地接受老师的指导。

同样，父母也可以通过分享成功学习者的故事来激发孩子的兴趣。指出他们为取得成功而采取的步骤，找出他们生活中有利于提升他们学习能力的模式。这些故事可以是历史人物的故事，也可以是现代人物的故事。例如，如果你向你的孩子讲述本杰明·富兰克林（Benjamin Franklin）的故事，请重点介绍他是如何进行实验的，以及他是如何布置实验环境、依靠同伴互助学习或探究新想法的？至于现代的例子，你们可以一起阅读美国总统或其他世界领袖的故事，寻找他们的学习习惯的有关线索，尤其是孩子可以效仿的习惯。请记住，元认知的发展是一个渐进的过程，贯穿一个人的一生，年幼的孩子需要父母、老师或照顾者的支持来处理更复杂的元认知活动，如设定目标、反思进展和调整学习策略。

孩子们可以通过发展这些元认知技能成为更加独立的学习者，从而能够管理自己的学习过程，并对自己的教育做出明智的决定。家长和老师都可以通过提供机会让年幼的孩子参与这些类型的活动，帮助他们更加了解自己的学习过程，从而在帮助孩子发展他们的元认知管理策略方面发挥作用。这里有一些建议，可以帮助父母支持孩子发展他们的元认知管理技能：

- **鼓励反思**：父母可以通过提出开放式问题，要求孩子思考自己的想法，从而鼓励他们反思自己的学习。例如，家长可以问孩子是如何解决一个数学问题的，从一本书中学到了什么，或者如何提升一门课程。具体实施：完成家庭作业或阅读一本书后，家长可以要求孩子思考他们学到了什么，以及如何将其应用到生活的其他方面。

- **培养创造力**：鼓励孩子参与创造性活动，如画画（见图 3-12）、涂漆、写作或演奏音乐。这些活动可以帮助孩子发展元认知技能，如计划、自我监控和自我评价。

这些活动还可以帮助儿童表达自己的想法和理解自己的情绪。具体实施：为孩子提供创意活动的材料，鼓励他们探索自己的兴趣。要求他们反思自己的创作过程，并思考如何改进自己的作品。

图 3-12：正在学画画的孩子

- **玩策略游戏**：与孩子们一起玩策略游戏，可以帮助他们发展元认知技能，如计划、决策和自我监控。像国际象棋、跳棋、海战棋或序列棋之类的游戏，可以帮助孩子们学会提前思考并预测对手的动作。具体实施：定期留出时间和孩子一起玩策略游戏。鼓励他们大胆思考和大声说出自己的策略，并在游戏结束后反思自己可以采取哪些不同的做法。

- **写反思日记**（最适合大一点的孩子）：鼓励孩子写反思日记，写下自己的想法、感受和经历。这有助于培养儿童的自我意识和元认知技能，如自我监控和自我评价。具体实施：给孩子一个日记本，鼓励他们定期写些东西。要求他们反思自己的学习经历，找出自己的强项和弱项，并设定目标以提升自己。

- **练习正念**（最适合大一点的孩子）：冥想、深呼吸和瑜伽等正念练习可以帮助孩子发展元认知技能，如自我意识、自我调节和自我评价。具体实施：留出时间定期与孩子一起练习正念。鼓励他们专注于自己的呼吸，观察自己的想法和情绪，而不做判断。

- **教孩子设定目标**：父母可以教孩子设定目标，并监督他们实现目标的进度。例如，家长可以帮助孩子设定学业、个人或社会发展目标，并与他们一起制订实现这些目标的计划。具体实施：在每个学年开始时，家长可以帮助孩子设定学业目标，并制订实现这些目标的计划。家长还可以定期检查孩子的学习情况，监督他们的进步。

- **培养批判性思维**：父母可以通过鼓励孩子提问、评估信息和考虑不同观点来培养孩子的批判性思维能力。例如，父母可以鼓励孩子提出质疑、挑战自己的信仰、批判性地思考周围的世界。具体实施：在家庭谈话或一起读书时，家长可以要求孩子考虑不同的角度，并对所提供的信息进行批判性思考。

- **培养自我意识**：家长可以通过鼓励孩子思考自己的情绪、强项和弱势来帮助他们培养自我意识。例如，家长可以帮助孩子识别自己的情绪，了解情绪如何影响自己的行为和学习。具体实施：当孩子体验到强烈的情绪时，家长可以鼓励他们识别并说出情绪的名称。家长可以帮助孩子制定管理情绪的策略。

- **培养学习技能**：家长可以通过教导孩子有效的学习习惯和时间管理策略来帮助他们培养学习技能。例如，家长可以教孩子如何分清任务的优先顺序、编制学习计划表以及管理干扰因素。具体实施：家长可以和孩子一起编制学习时间表，其中包括休息时间和奖励事宜。他们可以帮助孩子确定最重要的任务，并计划如何完成这些任务。

- **鼓励好奇心**：根据我的经验，孩子们对任何事情都充满好奇。我常常觉得，作为家长，我的目标就是不要遏制孩子的好奇心。要做到这一点，你可以为他们的好奇心提供更多的发挥空间。鼓励他们提问和探索新想法的天性。这可以帮助他们发展元认知技能，如批判性思维、问题解决能力和自我评价。具体实施：为他们提供了解新课题和接触不同视角的机会。让他们反思自己学到了什么，以及如何将其应用到自己的生活中。

元认知管理是一种极其重要的学习策略，也可以说是难度最大的策略。大脑需要双倍时间工作，学习一门学科，运用策略获取和记住知识，然后分析你的学习方式。然而，对于你的孩子来说，要真正优化他的学习，元认知管理就是他必须掌握的策略。

请记住，"学习曲线"伴随着本书中涵盖的元认知管理和所有学习策略的应用。要从长远的角度来考虑这项努力。例如，这是一场为期五年的马拉松，而不是五天的冲刺。孩子们需要时间来理解、采用并最大限度地利用这些策略。努力学习不是一蹴而就的事情。不要期望孩子能立即理解或接受。他们可能需要时间来理解这些策略的价值。我们的最终目标是让这些策略成为他们的第二天性，使他们能够自我应用和自我调节。

与往常一样，家长或值得信赖的老师的示范、反馈和持续沟通可以帮助孩子认识到这一策略的重要性和价值。随着孩子们越来越关注自己的学习过程，他们也会越来越用心学习。这种对完善学习过程的用心和痴迷，必然也会促进他们学业成绩的提升和进步。

行动计划

◎ **创造元认知空间**：你的孩子必须有时间思考和反省，为什么他在某些方面有困难，而在另一些方面却取得了成功。如果你的孩子将日程安排得过满且总是很疲惫，他就很难挤出时间来进行元认知管理并使之富有成效。如果他投入太多精力，那么，你就努力减少那些不重要的活动，让他能够专注于更重要的领域。

◎ **使用元认知语言**：你要用元认知语言与你的孩子交流，比如，询问他如何计划完成一项任务、可能会用什么策略解决一个问题。这有助于让他更清楚地了解自己的思维过程，并提高元认知能力。

◎ **与孩子一起玩"侦探"游戏**：鼓励你的孩子对自己的学习过程提出问题，帮助他成为"元认知迷宫里的小侦探"。例如，他可以探究为什么某些学习策略对他比对其他人更有效，或者为什么他在某一特定科目上很吃力。鼓励他收集证据，并根据观察结果得出结论。

◎ **开始写学习日志**：鼓励你的孩子记录他的学习过程，让他反思自己所学的内容。他可以写下自己学到了什么、使用了哪些策略以及遇到了哪些挑战。这有助于他更清楚地了解自己的学习过程，并找出需要改进的地方。

◎ **在充满挑战的赛季为你的孩子加油打气**：通常情况下，当你的孩子努力掌握一门新的学科或准备完成一项新任务时，经常会出现成绩下滑的情况，因为他正在学习一些难以掌握的内容。但如果他能挺过低潮期，并从元认知的角度考虑如何改进自己的学习过程，他就能克服障碍，并提升自己的能力。

参考文献

免责声明：下面列出的清单包含了资料来源和参考文献的外部链接。这些链接未经出版商激活，因此我们无法保证其在出版日期之后的准确性、相关性、及时性或完整性。这些网站上的内容可能会随着时间的推移而发生变化。虽然我们提供这些外部链接的目的是为了提供更多的参考和潜在的信息来源，但我们强烈建议读者在访问这些链接时进行慎重考虑和独立判断，因为网站的性质和内容可能会随着时间的推移而改变。对于因使用或依赖这些外部网站上的信息而造成的任何错误、遗漏或损害，我们概不负责。访问这些链接即表示您承认并接受所有相关风险。

引言和序言

1. Thomas Edison, New World Encyclopedia.

2. 1850-1877: Education: Overview, Encyclopedia.com.

3. Thomas Edison, Biography.com.

4. Oprah Winfrey, Biography.com.

5. Oprah opens up to Hoda Kotb about how her childhood trauma informed her life's work, Today.com.

6. The Man Who Saved Oprah Winfrey, Washingtonpost.com.

7. 37 Quotes From Thomas Edison That Will Inspire Success, Inc.com.

8. Boekaerts, Monique. "Self-regulated learning at the junction of cognition and motivation." *European Psychologist* 1, no. 2 (1996): 100.

9. A Brief Biography of Thomas Edison, nps.gov.

第一部分

父母的策略简介

1. Abraham Lincoln's "angel mother" and the second "mama" who outlived him, Washingtonpost.com.

2. The Two Mothers Who Molded Lincoln, History.com.

3. Yau, Priscilla S., Yongwon Cho, Jacob Shane, Joseph Kay, and Jutta Heckhausen. "Parenting and adolescents' academic achievement: the mediating role of goal engagement and disengagement." *Journal of Child and Family Studies* 31, no. 4 (2022): 897-909.
来自加州大学的普里西拉·丘及其同事在 2022 年的一项研究中详细介绍了父母对孩子的学业成绩的影响。该研究对 220 名高中生进行了调研，旨在确定孩子们获得了哪些类型的父母支持，以及这种支持如何既能对青少年的学业成绩产生积极影响，也可能产生负面影响。该研究收集了青少年参与者们的意见。结果发现，诸如反应灵敏和建立明确的规则等支持性特征是促进孩子学习的最有效因素之一。该研究还强调了其他有益的育儿特征，比如，说暖心的话（即向孩子表达爱意）、参与亲子互动（即花时间陪伴孩子）和给予孩子自主权（即引导孩子学会自力更生），所有这些都与孩子的学业成绩有关。这些特征的高频率出现与学生的 GPA 分数增加呈正相关。

同样不容忽视的是，该研究还发现，某些负面的育儿特征会导致学习障碍。诱导孩子的负罪感（即让孩子感到内疚）和贬低孩子（即不搭理孩子的想法和表达）会损害孩子的学习成绩。例如，当孩子们认为，他们一说话，父亲或母亲就会插嘴替他们把话说完，这就属于贬低孩子的表现。当母亲或父亲因为其他家庭成员的问题责怪孩子时，孩子就会产生负罪感。这两种消极的育儿特征都可以归类为父母心理控制的范畴，即父母试图操纵和控制孩子的思想和行为。有些家长会采用这些控制策略来让孩子在情感上依赖他们。

4. Aguirre-Dávila, Eduardo, Miguel Morales-Castillo, and Manuel Moreno-Vásquez. "Parenting, autonomy and academic achievement in the adolescence." *Journal of Family Studies* (2021): 1-14. 该研究对 229 位母亲及其未成年孩子进行了调研。母亲们收到了一份调查问卷，供她们填写。如果母亲们完成了问卷，她们的孩子就会在上学期间收到调查问卷，并在教师和研究助理的监督下完成调查。该调查的目的是评估父母的教养方式（从母亲和孩子的角度来看）。它涉及的育儿方式包括表达关爱、交流沟通、参与互动、建立规则以及为孩子提供多维自主性，包括社会自主性（即青少年在社会环境中发挥主观能动性以体现其个人身份）、认知自主性（即青少年在计划、组织和指导决策方面拥有自主权）和动机自主性（即孩子在内在驱动力的驱使下做出某种行为）。该研究的目标是观察这些教养方式如何影响孩子在数学、语言、自然科学和社会科学方面的成绩和学业成就。研究结果表明，许多这样的育儿策略，尤其是让孩子在个性的各个方面展示自主权的机会，可以对孩子的成绩和学业成就产生积极影响，这是用 GPA 分数来衡量的。值得注意的是，这些策略与语言学习和数学成绩的提高相关，而语言和数学是儿童需要掌握的重要的基础学科。

第一章

1. Mother Teresa, Biography.com.

2. Kong, Siu-Cheung, and Yi-Qing Wang. "The influence of parental support and perceived usefulness on students' learning motivation and flow experience in visual programming: Investigation from a parent perspective." *British Journal of Educational Technology* 52, no. 4 (2021): 1749-1770. 在为期两天的编程博览会期间，家长们应邀完成一项观察调查，评估他们的孩子（6~12 岁）的学习情况。总共有 1196 名家长完成了调研。该研究表明，家长对任务有用性的感知，加上父母的培

养支持，可以有效地提高学生的学习效率和动机。它还能让学生在学习过程中获得"心流"体验。这项研究表明，父母对某一主题、任务或教育项目的有用性和相关性的感知（即我们感知到的有用性）可以通过简单的对话和榜样示范传递给孩子。

3. Captain "Sully" and Passengers Reunite for "Miracle on the Hudson" Anniversary: "We're Like Extended Family".

4. Mother Teresa, The humble sophisticate.

第二章

在下面列出的三项研究中，我们可以看到"阐释"的价值和必要性。这些侧重于从三个不同的角度考察父母参与的不同形式，即基于家庭的参与、基于学校的参与和学业社会化。这三项研究旨在确定哪种形式的家长参与最有助于预测孩子的学业成绩，即 GPA 和最高教育程度。

1. Day, Elizabeth, and Aryn M. Dotterer. "Parental involvement and adolescent academic outcomes: Exploring differences in beneficial strategies across racial/ethnic groups." *Journal of Youth and Adolescence* 47, no. 6 (2018): 1332-1349. 该研究跟踪了学生从十年级到高中以及高中毕业后的 10 年，以便检验父母参与策略与学业成绩（GPA 和最高教育程度）之间的联系。第一项研究采用了纵向设计，因为它不仅包括了 4500 名学生的大样本，而且还跟踪了他们在这 10 年中的成长情况。参与者包括来自低社会经济地位家庭的白人、非裔美国人和西班牙裔或拉丁裔青少年。本研究采用了递归划分法，这是一种新颖的分析策略，用于探索各因素之间的高阶互动和非线性关联（例如，父母的教育参与策略），通过逐步划分来预测结果（例如，GPA 或最高教育程度）。研究结果表明，更多的学业社会化和基于学校的参与的结合对所有青少年的平均成绩都是有益的，而基于家庭的参与和学业社会化及基于学校的参与的结合产生了混合的结果。在非裔美国人和西班牙裔或拉丁裔青少年中，更多的学业社会化和基于家庭的参与似乎对教育成就有益，但对白人青少年没有好处。对于白人青少年来说，更多的基于家庭的参与和更少的学业社会化与更低的教育成就有关。总体而言，研究结果表明，父母教育参与策略的不同组合对不同种族或民族的青少年都是有益的，还可能对实践和政策产生影响。有趣的是，本研究中来自父母的报告强调了他们的感觉，即学业社会化的影响很小。换句话说，父母并不认为他们与孩子谈论学校的方式会产生那么大的影响。然而，孩子们的报告却显示出不同的结果。根据青少年的说法，学业社会化对他们的学业成绩有着更强大、更显著的影响。

2. Benner, Aprile D., Alaina E. Boyle, and Sydney Sadler. "Parental involvement and adolescents' educational success: The roles of prior achievement and socioeconomic status." *Journal of Youth and Adolescence* 45, no. 6 (2016): 1053-1064. 本研究调查了父母的教育参与（即基于家庭的参与、基于学校的参与、教育期望、学业建议）的四个方面与青少年近端学业成绩（即考试分数）和远端学业成绩（即受教育程度）之间的关系。该研究还关注了这些关系是否会随着家庭的社会经济地位或青少年先前的成绩而变化。这些数据来自 2002 年的教育纵向研究，参与者为 15240 名十年级学生（50% 为女生；57% 为白人，13% 为非裔美国人，1% 为拉丁裔，9% 为亚裔，6% 为其他种族或民族的人）。该研究观察到基于学校的参与和父母教育期望与青少年的高中累计成绩和受教育程度之间存在显著联系。调节结果分析显示，基于学校的参与似乎对弱势青少年（即来自低社会经济地位家庭的青少年和先前成绩较差的青少年）特别有益，而父母的学业社会化似乎更好地促进了优势青少年（即来自高社会经济地位家庭的青少年和先前成绩较好的青少年）的学业成功。

3. Duan, Wenjie, Yuan Guan, and He Bu. "The effect of parental involvement and socioeconomic status on junior school students' academic achievement and school behavior in China." *Frontiers in Psychology* 9 (2018): 952. 本研究以 19487 名中国初中生为研究对象，旨在阐明社会经济地位（SES）在父母参与（即基于家庭的参与和学业社会化）与初中生在校表现（即学业成就和学校行为）之间的关系中所起的调节作用。参与者包括 10042 名男性和 9445 名女性（平均年龄为 14.52 岁，SD = 1.24）。这些数据来自中国人民大学全国调查与数据中心开展的

233

2013—2014 年中国教育追踪调查（CEPS）。该调查发现，基于家庭的参与对学业成绩没有显著影响。然而，另外两种类型的参与，即学业社会化和基于学校的参与，是学生成绩的重要预测因素，其中学业社会化的影响力是最强的。

4. Singapore Math, https://www.singaporemath.com/.

第三章

1. Raising a Moral Child, https://www.nytimes.com/2014/04/12/opinion/sunday/raising-a-moral-child.html .

2. *Mindset: The New Psychology of Success* by Carol S. Dweck, https://www.amazon.com/Mindset-Psychology-Carol-S-Dweck/dp/1400062756/ref=tmm_hrd_swatch_0 .

3. Wisniewski, Benedikt, Klaus Zierer, and John Hattie. "The power of feedback revisited: A meta-analysis of educational feedback research." *Frontiers in Psychology* 10 (2020): 3087. 2020 年，一项针对超过 435 项研究的分析探讨了反馈在教育中的作用。每一项研究都探讨了反馈在不同类型的教育表现中的作用，比如，学业表现（或认知表现，包括学生成绩、留级率、认知测试表现）、动机表现（包括内在动机、控制点、自我效能感和坚毅力）、行为表现（或自我调节，以及学生在课堂上的表现）和体能表现（或运动技能的发展）。研究人员总共审查了 994 个样本，超过 6.1 万名参与者。在这项分析中，反馈被定义为家长提供的关于孩子的个人表现的全方位信息，以供大家参考。结果表明，提供有意义的反馈对学习成绩有相对较强的影响。体能表现与有意义的反馈之间的联系十分显著，与行为表现或自我调节表现之间的联系也非常紧密（尽管行为表现在四项指标中排名第三）。对于动机表现来说，有意义的反馈没有那么大的影响（中低等影响力）。总体而言，反馈对认知能力有很强的影响。这项研究还重申了一个观点，即并非所有反馈都是一样的。例如，简单形式的强化和惩罚对孩子成长的影响较低，而信息量高的反馈则更有效。对于信息量高的反馈，时机很重要，给出反馈的原因也很重要。时间安排是否恰当与学生在学习过程中所处的阶段有关，即从关注任务、任务的基本策略到过程的自我调节。当孩子在学习某项知识时，如果得到的反馈不只是任务本身，而是任务的处理方式（他们使用了哪些策略），那么，孩子在下一次做任务时就能学会如何更好地完成任务。

4. What is self-talk? https://www.healthdirect.gov.au/self-talk .

第二部分

学习的基础简介

1. Flying Over Adversity: Aspiring to Be a Pilot, flyingmag.com.

2. Jessica's History, jessicacox.com.

3. Remembering the incredible Inez Cox, rightfootedmovie.com.

4. Being Overlooked, flyingmag.com.

第四章

1. Giannis Antetokounmpo: From poverty in Greece to NBA's most lucrative player-Olympics.com.

2. The Humble Superstar: New Giannis Antetokounmpo Biography Explores Champion's Family Life, Legacy-Wisconsinlife.org.

3. Giannis Antetokounmpo Is the Pride of a Greece That Shunned Him-NYTimes.com.

4. Zaccone, Maria Cristina, and Matteo Pedrini. "The effects of intrinsic and extrinsic motivation on students learning effectiveness. Exploring the moderating role of gender." *International Journal of Educational Management* (2019). 在 2019 年的一项研究中，研究人员扎孔（Zaccone）和佩德里尼（Pedrini）对来自布隆迪、摩洛哥和印度三个国家的 1491 名学生进行了测试，而这些学生都参加了数字能力课程。这项研究的目的是不依靠综合 GPA 分数来衡量学生的学习成绩，而

是看看学生在某一门特定课程中的表现与其学习动机之间的关系。更详细地说，研究者们根据两种不同的量表来衡量学生在这门课程中的学习效果和效率。

第一个量表是一份包含"四项量表"的问卷，旨在衡量参与者的信息学技能，包括"我在信息学方面的工作和手工操作一样得心应手"和"我能学会如何使用新的信息学工具"等项目。根据这些项目的标准化平均分得出学习总分。然后，研究者将其视为学生在 T1（即课程结束后）的学习分数与学生在 T0（课程开始前）的学习分数之间的差异，如此设定了一个衡量信息技能增长的标准。类似的程序也适用于衡量计算机使用率的增长情况，参与者可以使用"九项量表"来对其进行评估。

此外，学生的学习动机是通过"四项量表"来衡量的。具体来说，其中的"动机量表"测量了学生在学习和参与课程时体验的快乐感和满意度。正如施泰因迈尔（Steinmayr）和斯皮纳特（Spinath）的研究一样，他们使用层次线性回归分析法来探索学习动机对学习效率的影响（即学习效率是因变量）。此外，有趣的是，研究者们还研究了学生的动机水平与学习效果之间的关系是否会因学生的性别或就读国家而发生变化。

结果，研究者们发现，两类技能的提高（信息学技能的提高和计算机使用率的提高）与内在动机（即内在激励，见下文）水平之间存在正相关。换句话说，这种动机水平的提高也相应地与学习效率和课程成绩的提高有关。研究人员得出结论，学生参与课程背后的动机对他们的课程成绩起着至关重要的作用。具体来说，那些为了乐趣而报名参加教育项目的学生，即带着很高的内在动机参加课程的学生，在整个课程的学习中都会非常高效。重要的是，研究人员并没有发现学生的性别和就读国家对学习动机和学业成就之间的关系有什么影响，这意味着这种影响在不同国家或文化背景下的男女学生中都同样存在。综上所述，这项大规模的研究表明，学习动机可以对学习效果产生实质性的积极影响，因为在学习该课程期间，学习动机可以提供一种潜在的、持久的个人承诺。

扎孔和佩德里尼的研究还提供了关于外在动机的有用见解，因为它还衡量了学生决定选修该课程的动机在多大程度上是由于存在有形的激励和外部奖励，即外在动机，如获得加薪、减少对犯错的恐惧或在工作中取得更好的业绩，以及这种动机如何影响他们的表现。

研究人员根据研究得出的结论是，外在动机要么对学习成绩没有影响，要么甚至有负相关性。换句话说，在外在动机的驱使下报名参加某课程的学生，成绩相对较差。如果没有强烈的内在动机，学生就无法跟上课程要求，而且可能会被课程之外的其他任务和责任分散注意力，而这些任务和责任是他们更看重的东西。

5. Neuville, Sandrine, Mariane Frenay, and Etienne Bourgeois. "Task value, self-efficacy and goal orientations: Impact on self-regulated learning, choice and performance among university students." *Psychologica Belgica* 47, no. 1 (2007).

6. Al-Harthy, Ibrahim S., and Said S. Aldhafri. "The relationship among task-value, self-efficacy and academic achievement in Omani students at Sultan Qaboos University." *International Review of Social Sciences and Humanities* 7, no. 2 (2014): 15-22. 这项研究测试了任务价值是否可以预测学生的自我效能感，以及任务价值是否与学生的学业成绩有关。为了评估任务价值和自我效能感的水平，他们随机抽取了苏丹卡布斯大学不同课程的大量样本（284 名学生）填写了任务价值和自我效能问卷。此外，他们还将这些参与者的 GPA 作为学习成绩的客观衡量标准。因此，研究结果揭示了任务价值的大小和自我效能感之间的正相关关系。这意味着，强烈的自我效能感与较高的任务价值相关。重要的是，这两个变量也是学生 GPA 的积极预测因子。换句话说，那些重视学习过程的学生也获得了较高的学业成绩，这是通过 GPA 来衡量的。请注意，与男生相比，女生表现出了更高的任务价值和更低的自我效能感。研究人员的结论是，大学教师需要关注学生对其课程的重视程度。

7. Metallidou, Panayiota, and Anastasia Vlachou. "Children's self-regulated learning profile in language and mathematics: The role of task value

beliefs." *Psychology in the Schools* 47, no. 8 (2010): 776-788. 本研究调查了教师对五年级和六年级学生（来自希腊中部的 263 名学生）的评价与学生的任务价值之间的关系。任务价值通过"动机自我调节学习问卷"（MSLQ）中的"任务价值信念子量表"进行测量。任务价值分析的结果表明，与数学任务价值信念较低的学生相比，数学任务价值信念较高的学生在认知、元认知和动机方面都是更有能力的学习者。这些结果也证实了之前的研究结果，即学生较高的任务价值与他们相应的学习动机、元认知和策略行动水平密切相关。

8. Lee, Daeyeoul, Sunnie Lee Watson, and William R. Watson. "The relationships between self-efficacy, task value, and self-regulated learning strategies in massive open online courses." *International Review of Research in Open and Distributed Learning* 21, no. 1 (2020): 23-39. 李（Lee）及其同事研究了大规模在线开放课程（MOOC）学习者的任务价值、自我调节学习策略和学习成绩之间的关系。为此，研究人员与总共 184 名参加了两门 MOOC 并完成了多项调查的学员进行了合作。通过相关分析，研究者们发现，任务价值与自我调节学习策略的使用之间存在正相关性。更详细地说，该分析显示，任务价值是自我调节学习策略使用的重要预测因子。具体来说，与任务价值低的学习者相比，任务价值高的学习者自我调节学习的平均得分有着统计学意义上的显著提高。因此，这些研究结果表明，任务价值本身不是影响学习成绩的重要因素，而是影响自我调节学习的重要因素。重要的是，任务价值对在线学习和课堂学习同样重要。

9. José Rizal, New World Encyclopedia.

10. "Yes, Dr. Jose Rizal was a real ophthalmologist" by Ma. Dominga B. Padilla, MD, FPAO, paojournal.com.

11. Taylor, G., Jungert, T., Mageau, G. A., Schattke, K., Dedic, H., Rosenfield, S., and Koestner, R. (2014). "A self-determination theory approach to predicting school achievement over time: The unique role of intrinsic motivation." *Contemporary Educational Psychology* 39(4), 342-358. 这项研究考虑了特定类型的动机与整体学习成绩的关系。研究人员考察了

在不同的学校环境和文化背景中，随着时间的推移，哪种类型的动机对学习成绩最有益。研究人员对之前 18 项研究的综合结果进行了分析，发现内在动机与学业成绩之间有着中等强度的正相关关系。与小学生相比，高中生和大学生的内在动机与学业成绩之间的正相关关系明显更强。另外，相反的情况是，外在动机与学业成绩或 GPA 之间呈负相关。

12. Howard, Joshua L., Julien Bureau, Frédéric Guay, Jane XY Chong, and Richard M. Ryan. "Student motivation and associated outcomes: A meta-analysis from self-determination theory." *Perspectives on Psychological Science* 16, no. 6 (2021): 1300-1323. 在这项研究中，研究者们进行了一项荟萃分析，在 344 项令人印象深刻的研究样本中测试了动机的作用，总共有 223209 名参与者！该研究考察了学生的学习动机与整体幸福感和目标导向水平之间的关系。研究结果表明，内在动机与学生的学业成功和整体幸福感有关。与上述研究报告一致，外在动机（比如，渴望获得奖励的愿望）与幸福感下降有关。外在动机还与学生的学习成绩呈负相关。因此，研究人员得出的结论是，内在动机才是成功学习和在校学习成绩的关键因素之一。

13. Wilken, Eric Conrad. "The effects of extrinsic motivation on high school attendance." PhD diss., Lindenwood University, 2016. 这项研究发现，外在动机有助于提升学生上课出勤率。

14. Shim, Jae Eun, Juhee Kim, Yoonna Lee, Kristen Harrison, Kelly Bost, Brent McBride, Sharon Donovan, et al. "Fruit and vegetable intakes of preschool children are associated with feeding practices facilitating internalization of extrinsic motivation." *Journal of Nutrition Education and Behavior* 48, no. 5 (2016): 311-317. 这项研究发现，外在动机有助于鼓励孩子吃蔬菜。

15. Amorose, Anthony J., Dawn Anderson-Butcher, Tarkington J. Newman, Mickey Fraina, and Aidyn Iachini. "High school athletes' self-determined motivation: The independent and interactive effects of coach, father, and mother autonomy support." *Psychology of Sport and Exercise* 26 (2016):

1-8. 这项研究发现，外在动机有助于激发运动表现。

16. Vallerand, Robert J., and Gaétan F. Losier. "An integrative analysis of intrinsic and extrinsic motivation in sport." *Journal of Applied Sport Psychology* 11, no. 1 (1999): 142-169. 这项研究发现，外在动机有助于激发运动表现。

17. Azzahro, Rana, Ana Maghfiroh, and Niken Reti Indriastuti. "Maintaining Students' Extrinsic Motivation in Online Learning: Teachers' Problem." In International Conference of Education, Social, and Humanities (1ST INCESH). Web of Science, 2021. 这项研究发现，外在动机对在线学习的某些方面是有帮助的。

18. Barajas, Nancy H. "The Influence of Extrinsic Motivational Factors on Upper Elementary Students in Reading." PhD diss., 2020. 这项研究发现，在学习特定任务时，外在动机是有效的。该分析探讨了几种常见的外在激励策略（认可、竞争、依从和打分）对阅读能力低于应有水平至少两个年级的小学高年级学生的作用。结果发现，至少有一种（如果不是全部的话）外在动机对学生的阅读能力有着积极的影响和鼓励作用。

第五章

1. Perry Jr., William G. *Forms of Intellectual and Ethical Development in the College Years: A Scheme*. Jossey-Bass Higher and Adult Education Series. Jossey-Bass Publishers, 350 Sansome St., San Francisco, CA 94104, 1999.

2. Kizilgunes, Berna, Ceren Tekkaya, and Semra Sungur. "Modeling the relations among students' epistemological beliefs, motivation, learning approach, and achievement." *Journal of Educational Research* 102, no. 4 (2009): 243-256.

3. Does Job Hopping Help Or Hurt Your Career?-Robert Half Talent Solutions.

4. Job hopping is the Gen Z way-By Cate Chapman, editor at LinkedIn News.

5. Workers Are Changing Jobs, Raking In Big Raises—and Keeping Inflation High-*Wall Street Journal*.

6. Gen Z Characteristics Employers Need to Understand-Robert Half Talent Solutions.

7. Trautwein, Ulrich, and Oliver Lüdtke. "Epistemological beliefs, school achievement, and college major: A large-scale longitudinal study on the impact of certainty beliefs." *Contemporary Educational Psychology* 32, no. 3 (2007): 348-366. 这项研究调查了 2854 名德国学生，发现对知识确定性的认识信念与较低的分数有关。

8. Listverse-https://listverse.com/2019/05/14/10-quotes-from-experts-who-were-proved-wrong/.

9. Darryl F. Zanuck Quotes. BrainyQuote.com, BrainyMedia Inc, 2022. https://www.brainyquote.com/quotes/darryl_f_zanuck_401896, accessed October 18, 2022.

10. 1922, *The Truth About Henry Ford* by Sarah T. Bushnell, Chapter 4: "The First Car and the First Race," Quote Page 55 to 57, The Reilly & Lee Company, Chicago, Illinois. (Google Books Full View) https://books.google.com/books?id=YXuMzVQLOAAC&q=fad#v=snippet&q=fad&f=false.

11. Cano, Francisco. "Epistemological beliefs and approaches to learning: Their change through secondary school and their influence on academic performance." *British Journal of Educational Psychology* 75, no. 2 (2005): 203-221. 这项研究是在 1600 名学生中进行的。

12. Muwonge, C. M., Schiefele, U., Ssenyonga, J., and Kibedi, H. (2019). "Modeling the relationship between motivational beliefs, cognitive learning strategies, and academic performance of teacher education students." *South African Journal of Psychology* 49(1), 122-135. 这项研究对 1081 名学生进行了抽样调查，要求他们填写一份调查问卷，其中包括对学习控制感知水平的测量。控制问题可以是"如果我足够努

力，那么我就能理解学习材料"或"如果我以适当的方式学习，那么我就能学好这门课的材料"。

13. Bill & Melinda Gates Foundation-Foundation Fact Sheet-https://www.gatesfoundation.org/about/foundation-fact-sheet .

14. Bill & Melinda Gates Foundation-Our Story-https://www.gatesfoundation.org/about/our-story.

15. Best advice: Gates on Gates-*Fortune.*

16. Maguire, Eleanor A., David G. Gadian, Ingrid S. Johnsrude, Catriona D. Good, John Ashburner, Richard SJ Frackowiak, and Christopher D. Frith. "Navigation-related structural change in the hippocampi of taxi drivers." *Proceedings of the National Academy of Sciences* 97, no. 8 (2000): 4398-4403.

第六章

1. Making Process Improvements Stick-Harvard Business Review.

2. The Ultimate Guide to Process Optimization-Wrike.

3. Wittman, J. "The Forgetting Curve." California State University, Stanislaus (2018). 赫尔曼·艾宾浩斯（1850—1909年）是德国心理学家，他创立了记忆实验心理学。为了表彰他在心理学方面的成就，"遗忘曲线"（所学信息的遗忘规律图）有时被称为"艾宾浩斯遗忘曲线"。

4. van der Schuur, W. A., Baumgartner, S. E., Sumter, S. R., and Valkenburg, P. M. (2015). "The consequences of media multitasking for youth: A review." *Computers in Human Behavior* 53, 204-215.

5. Judd, Terry. "Making sense of multitasking: Key behaviors." *Computers & Education* 63 (2013): 358-367. 研究人员使用一个定制的监测系统，采集并分析了在开放式计算机实验室中进行自主学习的学生的3372次计算机课日志。他们将每堂课都分解成一系列时间片段中的一系列任务。然后分析这些时间片段的上课内容，并将其归类为三种核心行为：一是很少或没有任务切换（专注于某项任务），二是有任务切换但没有多任务处理（按顺序执行任务），三是同时进行多任务处理。多任务处理比专注于某项任务或按顺序执行任务的行为更常见。超过70%的学习过程都存在多任务处理问题，超过50%的学习过程存在频繁处理多项任务的问题，大约只有35%的学习过程仅涉及多任务处理。相比之下，只有不到10%的任务需要学生专注，只有7%的任务需要学生按序进行。无论是专注于某项任务，还是多任务处理的行为，一旦开始，就似乎可以稳稳地一路走下去。学生更有可能继续同一种行为，而不是切换到另一种行为。而按顺序执行任务的行为远没有那么稳定，似乎代表了多任务处理和专注行为之间的过渡状态。

6. Kokoç, Mehmet. "The mediating role of attention control in the link between multitasking with social media and academic performances among adolescents." *Scandinavian Journal of Psychology* 62, no. 4 (2021): 493-501. 本研究以637名高中生为样本，考察了注意力控制作为自我调节的一个组成部分，在社交媒体的多任务处理与学业成绩之间的中介作用。本研究采用了相关性研究设计。

7. van der Schuur, Winneke A., Susanne E. Baumgartner, Sindy R. Sumter, and Patti M. Valkenburg. "Exploring the long-term relationship between academic-media multitasking and adolescents' academic achievement." *New Media & Society* 22, no. 1 (2020): 140-158.

8. Cooper, Harris, Barbara Nye, Kelly Charlton, James Lindsay, and Scott Greathouse. "The effects of summer vacation on achievement test scores: A narrative and meta-analytic review." *Review of Educational Research* 66, no. 3 (1996): 227-268. 一项针对39项研究的综述表明，学业成绩在暑假期间会下降。研究人员使用荟萃分析方法对最近的13项研究的结果进行了综合分析。该分析表明，夏季的学业损失相当于在同等年级水平上落后了一个月，或者相对于春季测试成绩而言，落后了标准差的1/10。暑假对数学的影响比对阅读的影响更大，对数学计算和拼写的影响最大。此外，中等收入家庭的学生在暑期同年级阅读能力测试中的成绩似乎有所提高，而低收入家庭的学生的成绩则有所下降。性别和种族没有起到调节作用，但随着学生年级的升高，暑假的负面影响确实有所增加。对于这一发现的解释可能包括暑假期间不同学术材料的可获得性差异，以及学术材料对记忆衰退的敏感度差异。收入差异也可能与实践和学习机会的差异有关。

9. Alexander, Karl L., Doris R. Entwisle, and Linda Steffel Olson. "Lasting consequences of the summer learning gap." *American Sociological Review* 72, no. 2 (2007): 167-180. 本研究发现，儿童自上学到九年级的累积成绩增长主要反映了学年内的学习成效，而高社会经济地位和低社会经济地位家庭的学生在九年级时的成绩差距则主要源于小学阶段的暑期学习差异。

10. Kuhfeld, Megan. "Surprising new evidence on summer learning loss." *Phi Delta Kappan* 101, no. 1 (2019): 25-29. 这项研究分析了来自美国 50 个州 340 多万名学生的数据，这些学生在 2016—2017 学年和 2017—2018 学年之间参加了 NWEA MAP 成长阅读和数学评估。

11. The secret strength that fuels Stephen Curry and the Golden State Warriors-ESPN.com.

12. Wittman, J. "The Forgetting Curve." California State University, Stanislaus (2018).

13. The Pomodoro Technique - Francesco Cirillo https://francescocirillo.com/products/the-pomodoro-technique. "番茄工作法"是弗朗西斯科·西里洛（Francesco Cirillo）在 20 世纪 80 年代末开发的一种时间管理方法。它是一种由流程、工具、原则和价值观组成的结构化方法，用来学习如何处理时间，并将时间从一个"恶毒的捕食者"变成一个"高效率的盟友"。它基于一系列建立在自我观察和意识之上的原则。掌握了这些技能，我们就有可能改变自己与时间的关系，以更少的努力实现目标，而不必太焦虑。

14. Choe, Danbi. "Parents' and adolescents' perceptions of parental support as predictors of adolescents' academic achievement and self-regulated learning." *Children and Youth Services Review* 116 (2020): 105172. 本研究考察了在关于父母支持的报告中，父母和孩子说辞不一致的地方，

以及每份报告对青少年学业成绩和自我调节学习的影响。分析样本包括 6370 名青少年（七年级学生，女孩占 51%）及其父母，这些数据来自 2015 年韩国教育纵向调查。本研究估计了 T 检验和方差分析，检验了父母和孩子关于父母支持的不同认知。研究人员还进行了路径分析，确认了每种认知与青少年学业成绩之间的关系。最后，他们对父母支持与学业成绩之间的关系模型如何在父母与孩子"对立二人组"中发生变化进行了多组分析。本研究发现，父母和孩子的认知和说辞存在分歧。孩子认为父母支持与学业成绩更相关，而父母认为学业支持才是学业成绩的最强预测因子。本研究还发现，在父母支持与孩子学习成果之间的关系问题上，父母的汇报与孩子的说辞之间存在一些差异。

15. Williamson, Vickie M., Deborah Rush Walker, Eric Chuu, Susan Broadway, Blain Mamiya, Cynthia B. Powell, G. Robert Shelton, Rebecca Weber, Alan R. Dabney, and Diana Mason. "Impact of basic arithmetic skills on success in first-semester general chemistry." *Chemistry Education Research and Practice* 21, no. 1 (2020): 51-61. 在这项研究中，大量学生（1073 名）在学期开始时接受了 MUST 测试。MUST 工具可在不使用计算器的情况下对基本数学能力进行 15 分钟的快速评估。教师可能会发现，与其他有据可查的预测指标相比，MUST 工具可能更容易，因为其他预测指标可能需要更多的时间或需要获取学生的记录（例如，数学 SAT）。MUST 测试的结果支持先前的研究结论，即数学技能与化学课程成绩相关。自动运算能力差可能是许多学生成绩较差的一个潜在因素。

16. Wang, Qian, Yi Ding, and Qiong Yu. "Working memory load and automaticity in relation to problem-solving in college engineering students." *Journal of Engineering Education* 107, no. 4 (2018): 636-655. 这项研究的参与者是美国东北部一所大学的 31 名工科学生，他们正在学习一门基础结构分析课程。在数学语境中，自动性指的是对基本

数学因素的快速而轻松的回忆。这里的测试问题涉及四大条件的组合，即工作记忆负载（WML）的高低及自动性的高低的不同组合：① WML 低但自动性高的问题（条件 1）；② WML 高且自动性高的问题（条件 2）；③ WML 低且自动性低的问题（条件 3）；④ WML 高但自动性低的问题（条件 4）。

17. Roembke, Tanja C., Eliot Hazeltine, Deborah K. Reed, and Bob McMurray. "Automaticity as an independent trait in predicting reading outcomes in middle-school." *Developmental Psychology* 57, no. 3 (2021): 361. 参与者（筛选之后共有 444 人，其中女生 264 名，男生 180 人）是来自艾奥瓦州东部城市的普通初中生，他们的母语都是英语，其中，六年级、七年级、八年级的学生人数大致相等，平均年龄 13 岁。他们完成了遮蔽版本和非遮蔽版本的任务，在此过程中，他们需要阅读一个单词并选择相应的回应（例如，一个有图像的参照物）。解码能力是由知识（无遮蔽版本任务的成绩）预测的，而阅读流畅程度则是由自动性（遮蔽版本任务的成绩）预测的。在非遮蔽版本中，目标一直出现，直到有人做出反应。而在遮蔽版本中，目标在 80 毫秒后被遮蔽物覆盖。这项研究旨在考察词汇处理过程的自动性与阅读结果之间的预测关系。这是对罗恩布克（Roembke）等人 2019 年研究的重大扩展，样本量增加了近十倍，项目范围大得多，并且进行了测试或重测的可靠性评估。

18. Logan, Gordon D. "Automaticity, resources, and memory: Theoretical controversies and practical implications." *Human Factors* 30, no. 5 (1988): 583-598.

19. Schneider, Walter, and Richard M. Shiffrin. "Controlled and automatic human information processing: I. Detection, search, and attention." *Psychological Review* 84, no. 1 (1977): 1.

20. Liu, Qimeng, Xiaofeng Du, Shuxin Zhao, Jian Liu, and Jinfa Cai. "The role of memorization in students' self-reported mathematics learning: a large-scale study of Chinese eighth-grade students." *Asia Pacific Education*

Review 20, no. 3 (2019): 361-374. 这项研究调查了 48000 多名八年级中国学生的数学成绩和这些学习策略的使用情况。数学评估由 CICA-BEQ 开发，尚未公开发布。每项纸笔测验的时间为 90 分钟，共有 18 个项目（包括 25 个子项目），每位受测者都接受了相同的测验和相同的测验指导。

21. Warriors' Steph Curry breaks down art of draining half-court shots. https://www.nbcsports.com/bayarea/warriors/warriors-steph-curry-breaks-down-art-draining-half-court-shots.

22. How To Get Into The Flow State by Steven Kotler-https://www.youtube.com/watch?v=XG_hNZ5T4nY.

23. *Flow*, Harper Collins Publishers-https://www.harpercollins.com/products/flow-mihaly-csikszentmihalyi.

24. Claremont Graduate University-https://www.cgu.edu/people/mihaly-csikszentmihalyi/.

25. Sumaya, Isabel C., and Emily Darling. "Procrastination, flow, and academic performance in real time using the experience sampling method." *Journal of Genetic Psychology* 179, no. 3 (2018): 123-131. 研究人员向参与调查的学生发放了问卷以衡量他们在完成研究论文时的心流状态和拖延症，他们被要求在规定的时间内完成研究论文。在这项研究中，拖延症是用学生没有完成任务的天数来衡量的，换句话说，就是学生拖延了多久才开始写论文。他们想知道，没有进入学习状态的学生与进入学习状态的学生相比，是否有更多的拖延现象。他们发现拖延症和心流状态之间没什么必然的联系，达到心流状态的那组学生和没有达到心流状态的那组学生，都拖延到了论文答辩会的前两天才下笔。因此，他们推测拖延症与心流状态没有关联或关系。但是，达到心流状态的学生在试卷上取得了更高的分数。两组学生的成绩有显著差异。从本研究可以推测，心流体验会带来更好的学习成果和成绩。这项研究还强调，当学习者的技能与手头的任务相匹配时，或者当学习者感到自己有足够的装备和能力处理面前的项目或课题时，学习心流状态通常就会实现。

26. Wu, Renshuang, Eugene Scott Huebner, Jianhua Zhou, and Lili Tian. "Relations among positivity, positive affect in school, and learning flow in elementary school students: A longitudinal mediation model." *British Journal of Educational Psychology* 91, no. 4 (2021): 1310-1332.

第三部分

学习策略管理简介

1. The Boy and the Butterfly: The Struggle Makes Us Stronger-https://www.lifeandwhim.com/first-moments-blog/2018/the-struggle-makes-you-stronger.

第七章

1. A look back at 15 years of mapping the world, Elizabeth Reid, https://blog.google/products/maps/look-back-15-years-mapping-world/.

2. Florence Chadwick, https://biography.yourdictionary.com/florence-chadwick .

3. Schippers, Michaéla C., Dominique Morisano, Edwin A. Locke, Ad WA Scheepers, Gary P. Latham, and Elisabeth M. de Jong. "Writing about personal goals and plans regardless of goal type boosts academic performance." *Contemporary Educational Psychology* 60 (2020): 101823. 该模型采用时间滞后的准实验设计，在大学一年级的两个目标设定组和两个对照组（总人数为2926人）中进行了测试。与对照组（人数分别为810人和707人）相比，目标设定组（人数分别为698人和711人）的学习成绩提高了22%。这一增长取决于：①参与这三个阶段目标设定干预的程度；②学生在练习中写下的单词数量；③学生目

标实现计划（GAP）的特殊性。目标设定理论认为，目标任务必须具体明确；与此相反，研究结果表明，学生们所写的是学术目标还是非学术目标，抑或是两者兼而有之，这些都不重要。似乎是撰写个人目标的整个过程、实现目标的具体策略以及参与干预的程度导致了他们学习成绩的提高。这项研究提出了对目标设定理论的一个重要修正，即设定生活目标可能会产生一种潜在传染效应，该效应会在潜意识中激发学术目标，进而影响随后的学业成绩。

4. Dotson, Ronnie. "Goal setting to increase student academic performance." *Journal of School Administration Research and Development* 1, no. 1 (2016): 45-46. 在参与研究的 328 名学生中，69% 的学生在使用目标设定法之后取得了显著成长，而在实施目标设定法之前，这一比例仅为 60%。

5. Sides, Jacklyne D., and Joshua A. Cuevas. "Effect of goal setting for motivation, self-efficacy, and performance in Elementary mathematics." *International Journal of Instruction* 13, no. 4 (2020): 1-16. 这项为期八周的研究旨在确定目标设定对小学生的动机、自我效能感和数学成绩的影响。这项准实验研究包括 70 名三年级和四年级数学特长班的学生。实验组的学生参与制定了一个流利掌握乘法口诀的目标。学生们通过每周的图表和反思活动来监测自己的进步。结果表明，参与目标设定的小学生在乘法口诀方面的数学成绩有所提高。然而，根据这项研究的结果，目标设定并没有对学习动机或自我效能感产生影响。这些结果支持学术环境中的目标设定理论概念，表明教师在日常教学实践中纳入目标设定可能是有益的，但还需要进一步研究目标设定对情感特征的影响。

6. Setting Goals, https://cce.bard.edu/files/Setting-Goals.pdf .

7. A story of the Mystic Neem Karoli Baba and How He inspired Steve Jobs and Zuckerberg, https://metrosaga.com/mystic-neem-karoli-baba/ .

8. "My Goggles Filled Up With Water" - Michael Phelps Swam Blind for Over 175m to Achieve One of His Biggest Career Achievement, https://

www.essentiallysports.com/us-sports-news-swimming-news-my-goggles-filled-up-with-water-michael-phelps-swam-blind-for-over-175m-to-achieve-one-of-his-biggest-career-achievement/ .

9. The Importance of Writing Well & How to Grow as a Writer, https://www.uagc.edu/blog/the-importance-of-writing-well-how-to-grow-as-a-writer .

10. Importance of Goal Setting, https://www.successstartswithin.com/blog/importance-of-goal-setting .

11. The Case Against Setting Goals for Children, https://medium.com/the-ascent/the-case-against-setting-goals-for-children-243a58411542 .

12. Pareto Principle (The 80-20 Rule), https://www.simplypsychology.org/pareto-principle.html .

第八章

1. Britton, Bruce K., and Abraham Tesser. "Effects of time-management practices on college grades." *Journal of Educational Psychology* 83, no. 3 (1991): 405.

2. Valle, Antonio, Bibiana Regueiro, José C. Núñez, Susana Rodríguez, Isabel Piñeiro, and Pedro Rosário. "Academic goals, student homework engagement, and academic achievement in elementary school." *Frontiers in Psychology* 7 (2016): 463.

3. Valle Arias, Antonio, Isabel Piñeiro Aguín, Susana Rodríguez Martínez, Bibiana Regueiro Fernández, Carlos Freire Rodríguez, and Pedro José Sales Luís de Fonseca Rosário. "Time spent and time management in homework in elementary school students: A person-centered approach." *Psicothema* (2019).

4. Curcio, Giuseppe, Michele Ferrara, and Luigi De Gennaro. "Sleep loss, learning capacity and academic performance." *Sleep Medicine Reviews* 10, no. 5 (2006): 323-337.

5. Stefansdottir, Runa, Vaka Rognvaldsdottir, Kong Y. Chen, Erlingur

Johannsson, and Robert J. Brychta. "Sleep timing and consistency are associated with the standardised test performance of Icelandic adolescents." *Journal of Sleep Research* 31, no. 1 (2022): e13422.

6. Seoane, Hernan A., Leandra Moschetto, Francisco Orliacq, Josefina Orliacq, Ezequiel Serrano, María Inés Cazenave, Daniel E. Vigo, and Santiago Perez-Lloret. "Sleep disruption in medicine students and its relationship with impaired academic performance: a systematic review and meta-analysis." *Sleep Medicine Reviews* 53 (2020): 101333.

7. Comparison of rest-break interventions during a mentally demanding task, https://www.ncbi.nlm.nih.gov/pmc/articles/PMC6585675/. 这项研究调查了休息时间对学习过程中的活力和疲劳所起的作用。该研究表明，20分钟的零碎休息能增强学习的活力。另外，与体育锻炼相结合的休息时间和与放松技巧相结合的休息时间（均为6~7分钟），都能提高工作的严谨性，减少日后的疲劳，这甚至超过了简单而零碎的休息。运动型休息包括3分钟的有氧运动，如原地跑步和各种跳跃运动，每30秒交替进行一次，然后是3分钟的各种拉伸运动。放松型休息包括6分钟的引导式身体扫描练习。参与者们必须将注意力集中在身体的不同部位和功能上，如脚、腿、手臂和呼吸，并观察这些区域产生的感觉。在零碎的休息时间里，人们可以做他们想做的事情，只要坐在办公桌前就好。

8. "Give me a break!" A systematic review and meta-analysis on the efficacy of micro-breaks for increasing well-being and performance https://journals.plos.org/plosone/article?id=10.1371/journal.pone.0272460. 另一项荟萃分析研究的主题是不同任务期间的"微休息"。研究人员将22项不同研究（总样本量为2335名参与者）的效果结合起来，发现与我们通常看到的情况一样，微休息对提高工作严谨性和减少疲劳有显著但相对较小的积极影响。他们没有发现休息对提高成绩有明显的影响。但我认为可能有间接影响，即休息能提高工作严谨性和减少疲劳，然后这些因素反过来影响成绩。休息时间越长越好。另外，休息时间对高要求的任务最有效。

9. 摘自 *From the Outside: My Journey Through Life and the Game I Love* by Ray Allen.

10. Citation: Sumaya, Isabel C., and Emily Darling. "Procrastination, flow, and academic performance in real time using the experience sampling method." *Journal of Genetic Psychology* 179, no. 3 (2018): 123-131.

第九章

1. Lewinski, Peter. "Effects of classrooms' architecture on academic performance in view of telic versus paratelic motivation: a review." *Frontiers in Psychology* 6 (2015): 746.

2. Stone, N. (2001). "Designing effective study environments." *Journal of Environmental Psychology* 21, 179-190. Doi: 10.1006/jevp.2000.0193.

3. "Cognitive performance and emotion are indifferent to ambient color" by Christoph von Castell, Daniela Stelzmann, Daniel Oberfeld, Robin Welsch, Heiko Hecht-https://onlinelibrary.wiley.com/doi/abs/10.1002/col.22168 .

4. Earthman, G. (2002). "School facility conditions and student academic achievement," in Williams Watch Series: Investigating the Claims of Williams v. State of California, Los Angeles, CA: UCLA's Institute for Democracy, Education, and Access. Available at: http://www.escholarship.org/uc/item/5sw56439 [accessed October 1, 2002].

第十章

1. Ponce, Héctor R., Richard E. Mayer, and Ester E. Méndez. "Effects of Learner-Generated Highlighting and Instructor-Provided Highlighting on Learning from Text: A Meta-Analysis." *Educational Psychology Review* 34, no. 2 (2022): 989-1024. 本研究考察了已发表的有关学习者生成的高亮标记和教师提供的高亮标记对学习文章的效果。我们对一些科学严谨的实验进行了荟萃分析，这些实验比较了学生（即大学生或幼儿园至十二年级学生）在阅读学术文章时的学习成果（即他们在记忆力或理解力测试中的成绩），这些学生在阅读学术文章时是要突出标记重要材料（学习者生成的高亮标记），还是要细读那些已经标亮的重要材料（教师提供的高亮标记）。我们找到了符合上述标准的 36 篇已发表文章，时间跨度从 1938 年到 2019 年，共产生了 85 个效应值。结果表明，学习者生成的高亮标记提高了记忆力，但没有提高理解力，平均效应值分别为 0.36 和 0.20；而教师提供的高亮标记既提高了学生的记忆力又提高了他们的理解力，平均效应值均为 0.44。学习者生成的高亮标记改善了大学生的学习，但对中学生的学习效果甚微，平均效应值分别为 0.39 和 0.24；而教师提供的高亮标记提高了大学生和中学生的学习效果，平均效应值分别为 0.41 和 0.48。

2. Karpicke, Jeffrey D., and Janell R. Blunt. "Retrieval practice produces more learning than elaborative studying with concept mapping." *Science* 331, no. 6018 (2011): 772-775. 摘要："教育工作者严重依赖鼓励阐释性学习的学习活动，而对要求学生练习检索和重构知识的活动的使用频率较低。在这里，我们表明，在有意义的学习中，练习检索比使用概念图绘制技巧的阐释性学习产生更大的收益。检索练习的优势与科学教育中普遍存在的优势相同。在评估理解能力和要求学生进行推理的考题中，我们观察到了这一优势。即使在标准测试涉及制作概念图时，检索练习的优势也会出现。我们的研究结果支持这样一种理论，即检索练习通过特定的检索机制而不是通过阐释性学习过程来促进学习。检索练习是促进科学概念性学习的有效工具。"学习的四种情况："学习分为四个阶段，首先是初始学习阶段，学生开始学习一篇科学文章。其次是一次性学习阶段，学生在一个学习时段内学习这篇文章。再次是重复学习阶段，学生在连续四个时段内学习这篇文章。最后是阐释性概念图绘制阶段，学生开始绘制文章中概念的概念图。他们接受了有关概念图性质的指导，观看了概念图示例，并在阅读文章的同时在纸上绘制了自己心中的概念图。这是将概念图绘制技巧作为阐释性学习活动的一种典型方式。最后一步是进行检索练习，学生温习了他们在初始学习阶段学会的文章，然后在自由回忆测试中尽可能多地回忆信息。"

3. Baddeley, Alan D., and D. J. A. Longman. "The influence of length and

frequency of training session on the rate of learning to type." *Ergonomics* 21, no. 8 (1978): 627-635.

4. Simon, Dominic A., and Robert A. Bjork. "Metacognition in motor learning." *Journal of Experimental Psychology: Learning, Memory, and Cognition* 27, no. 4 (2001): 907.

5. Schleicher, Andreas. "PISA 2018: Insights and Interpretations." OECD Publishing (2019).

6. Study Strategies for Before, During, and After Class by Angela Zanardelli Sickler-https://www.facultyfocus.com/articles/teaching-and-learning/study-strategies-class/.

7. Moravec, Marin, Adrienne Williams, Nancy Aguilar-Roca, and Diane K. O'Dowd. "Learn before lecture: A strategy that improves learning outcomes in a large introductory biology class." *CBE—Life Sciences Education* 9, no. 4 (2010): 473-481. 事实证明，让学生积极参与课堂讲授可以提高学习效率。在一门大型生物入门课程中，为了给主动学习创造时间而不减少教学内容，我们在课前介绍材料时采用了两种策略。在 2009 年的三堂课中，我们每次都删除了 2007—2008 年的 4~5 张幻灯片，并以课前学习单或 PowerPoint 旁白视频的形式介绍相关信息。在课堂上，我们将原本用于讲授的时间转移到了课前学习任务（LBL）中，让学生应用他们的新知识。我们比较了 2009 年和 2007—2008 年学生在与 LBL 相关的成对问题上的表现，对学习情况进行了评估，并根据学习等级与格式进行了匹配。与 2007—2008 学年相比，2009 年六道与 LBL 相关试题中正确回答五道的学生比例显著提高（$p<0.001$）。六道与 LBL 相关的试题的平均成绩提高了 21%，而所有非 LBL 试题的平均成绩提高率小于 3%。基于交叉实验设计，课前学习单和视频这两种 LBL 形式同样有效。这些结果表明，我们可以逐步实施 LBL 与互动练习相结合的学习方案，使大型生物入门课程的学习效果明显提高。

第十一章

1. "An anxious nation": Barnes & Noble sees a surge in sales of books about stress by Rachel Siegel-https://www.washingtonpost.com/business/2018/08/02/an-anxious-nation-barnes-noble-sees-surge-sales-books-about-stress/.

2. COVID-19 pandemic triggers 25% increase in prevalence of anxiety and depression worldwide-https://www.who.int/news/item/02-03-2022-covid-19-pandemic-triggers-25-increase-in-prevalence-of-anxiety-and-depression-worldwide .

3. The Best Books About Anxiety of 2022-https://psychcentral.com/reviews/best-books-about-anxiety .

4. Spielberger, C. D. (1978). "The State-Trait Anxiety Inventory: Its theoretical and empirical foundations." In C. D. Spielberger and I. G. Sarason (Eds.), *Stress and Anxiety* (Vol. 5, pp. 3-20). Washington, D.C: Hemisphere Publishing Corporation.

5. Plante, I., Lecours, V., Lapointe, R., Chaffee, K. E., and Fréchette-Simard, C. (2022). "Relations between prior school performance and later test anxiety during the transition to secondary school." *British Journal of Educational Psychology* 92(3), 1068-1085.

6. Bischofsberger, L., Burger, P. H., Hammer, A., Paulsen, F., Scholz, M., and Hammer, C. M. (2021). "Prevalence and characteristics of test anxiety in first year anatomy students." *Annals of Anatomy-Anatomischer Anzeiger* 236, 151719.

7. Weems, C.F., Scott, B.G., Graham, R.A., et al. "Fitting Anxious Emotion-Focused Intervention into the Ecology of Schools: Results from a Test Anxiety Program Evaluation." *Prevention Science* 16, 200-210 (2015). https://doi.org/10.1007/s11121-014-0491-1.

8. Yeo, L.S., Goh, V.G., and Liem, G.A.D. "School-Based Intervention for Test Anxiety." *Child Youth Care Forum* 45, 1-17 (2016). https://doi.

org/10.1007/s10566-015-9314-1.

9. von der Embse, Nathaniel, Dane Jester, Devlina Roy, and James Post. "Test anxiety effects, predictors, and correlates: A 30-year meta-analytic review." *Journal of Affective Disorders* 227 (2018): 483-493.

10. Owens, M., Stevenson, J., Hadwin, J. A., and Norgate, R. (2014). "When does anxiety help or hinder cognitive test performance? The role of working memory capacity." *British Journal of Psychology* 105(1), 92-101.

11. Cizek, G. J., and Burg, S. S. (2006). *Addressing Test Anxiety in a High-Stakes Environment: Strategies for Classroom and Schools.* Corwin Press.

12. Plante, I., Lecours, V., Lapointe, R., Chaffee, K. E., and Fréchette-Simard, C. (2022). "Relations between prior school performance and later test anxiety during the transition to secondary school." *British Journal of Educational Psychology* 92(3), 1068-1085.

13. Hart, Ray, Michael Casserly, Renata Uzzell, Moses Palacios, Amanda Corcoran, and Liz Spurgeon. "Student Testing in America's Great City Schools: An Inventory and Preliminary Analysis." Council of the Great City Schools (2015).

14. Huntley, Christopher D., Bridget Young, James Temple, Melissa Longworth, Catrin Tudur Smith, Vikram Jha, and Peter L. Fisher. "The efficacy of interventions for test-anxious university students: A meta-analysis of randomized controlled trials." *Journal of Anxiety Disorders* 63 (2019): 36-50.

第十二章

1. Lim, Chee, Habibah Ab Jalil, Aini Ma'rof, and Wan Saad. "Peer learning, self-regulated learning and academic achievement in blended learning courses: A structural equation modeling approach." *International Journal of Emerging Technologies in Learning (IJET)* 15, no. 3 (2020): 110-125.

2. *Greenlights* by Matthew McConaughey https://greenlights.com/ .

3. Vygotsky, L. S., and Cole, M. (1978). *Mind in Society: Development of Higher Psychological Processes*. Harvard University Press.

4. Sakaiya, S., Shiraito, Y., Kato, J., Ide, H., Okada, K., Takano, K., and Kansaku, K. (2013). "Neural correlate of human reciprocity in social interactions." *Frontiers in Neuroscience* 7:239. doi: 10.3389/fnins.2013.00239.

5. Schilbach, L., Timmermans, B., Reddy, V., Costall, A., Bente, G., Schlict, T., et al. (2013). "Toward a second-person neuroscience." *Behavioral and Brain Sciences* 36, 393-462. doi: 10.1017/S0140525X12000660.

6. Guionnet, S., Nadel, J., Bertasi, E., Sperduti, M., Delaveau, P., and Fossati, P. (2012). "Reciprocal imitation: toward a neural basis of social interaction." *Cerebral Cortex* 22, 971-978. doi: 10.1093/cercor/bhr177.

7. Schilbach, L., Wohlschlaeger, A., Kraemer, N., Newen, A., Shah, N., Fink, G., et al. (2006). "Being with virtual others: neural correlates of social interaction." *Neuropsychologia* 44, 718-730. doi: 10.1016/j.neuropsychologia.2005.07.017.

8. Martín-Arbós, Sergi, Elena Castarlenas, and Jorge-Manuel Duenas. "Help-seeking in an academic context: A systematic review." *Sustainability* 13, no 8 (2021): 4460.

9. Schenke, Katerina, Arena C. Lam, AnneMarie M. Conley, and Stuart A. Karabenick. "Adolescents' help seeking in mathematics classrooms: Relations between achievement and perceived classroom environmental influences over one school year." *Contemporary Educational Psychology* 41 (2015): 133-146.

第十三章

1. Life Lessons from the World's Greatest Athletes by Dr. W.D. Panlilio.

2. Chris Johnson: Talks Near Death Experience, Embracing Culture & Life After NFL-*I Am Athlete*. https://www.youtube.com/watch?v=1V2AuKJaah8 .

3. Chris Johnson's Speed Workout by Josh Staph, https://www.stack.com/a/chris-johnsons-nine-speed-building-exercises/.

4. Inzlicht, M., Shenhav, A., and Olivola, C. Y. (2018). "The effort paradox: Effort is both costly and valued." *Trends in Cognitive Sciences* 22(4), 337-349.

5. Resilience definition: https://www.merriam-webster.com/dictionary/resilience.

6. American Psychological Association. "What you need to know about willpower: The psychological science of self-control." Washington: APA (www.apa.org/helpcenter/willpower. pdf) (2012).

7. The mindset that brings unlimited willpower by David Robson-https://www.bbc.com/worklife/article/20230103-how-to-strengthen-willpower.

8. Self-control definition: https://www.oed.com/ .

9. Zacharia, Janine. "The Bing 'Marshmallow Studies': 50 Years of Continuing Research." (2015).

10. Mischel, W; Shoda, Y; Rodriguez, M. (26 May 1989). "Delay of gratification in children." *Science* 244 (4907): 933-938.

11. Ayduk, Ozlem N.; Mendoza-Denton, Rodolfo; Mischel, Walter; Downey, Geraldine; Peake, Philip K.; Rodriguez, Monica L. (2000). "Regulating the interpersonal self: Strategic self-regulation for coping with rejection sensitivity." *Journal of Personality and Social Psychology*.

12. Schlam, Tanya R.; Wilson, Nicole L.; Shoda, Yuichi; Mischel, Walter; Ayduk, Ozlem (2013). "Preschoolers' delay of gratification predicts their body mass 30 years later." *Journal of Pediatrics*.

13. Shoda, Yuichi; Mischel, Walter; Peake, Philip K. (1990). "Predicting adolescent cognitive and self-regulatory competencies from preschool delay of gratification: Identifying diagnostic conditions." *Developmental Psychology*.

14. Norris, G., and Norris, H. (2021). "Building Resilience Through Sport in Young People With Adverse Childhood Experiences." *Frontiers in Sports and Active Living* 3, 663587.

15. Ayala, Juan Carlos, and Guadalupe Manzano. "Academic performance of first-year university students: The influence of resilience and engagement." *Higher Education Research & Development* 37, no. 7 (2018): 1321-1335.

16. Hupfeld, Kelly. "A review of the literature: Resiliency skills and dropout prevention." Scholar Centric (2010).

第十四章

1. Ohtani, K., and Hisasaka, T. (2018). "Beyond intelligence: A meta-analytic review of the relationship among metacognition, intelligence, and academic performance." *Metacognition and Learning* 13(2), 179-212.

2. de Boer, H., Donker, A. S., Kostons, D. D., and van der Werf, G. P. (2018). "Long-term effects of metacognitive strategy instruction on student academic performance: A meta-analysis." *Educational Research Review* 24, 98-115.

3. Zhang, J., and Zhang, L. J. (2022). "The effect of feedback on meta-cognitive strategy use in EFL writing." *Computer Assisted Language Learning*, 1-26.

后　记

在本书即将结束之际，我想与大家分享我们教堂里的一位牧师和他的女儿汉娜（Hannah）的故事。我之所以选择他们的故事，是因为他们的心路历程与我们在本书中讨论的各种学习策略产生了共鸣。听到他们的家庭故事后，我深受启发。

汉娜在一个重视教育的家庭中长大（这是一个真实的故事，但为了保护当事人的身份隐私，我对姓名和故事的部分细节做了改动）。她从小就有远大的梦想，她的父母向她解释了教育对实现梦想的重要性。他们会说："如果你想追逐梦想，首先要接受良好的教育。"他们从未强迫她选择某一条职业道路，而是鼓励她无论追求什么都要努力工作。

在汉娜就读的女子小学，她的成绩经常名列前茅。当她的一些朋友还在为求学而苦苦挣扎时，她想"出人头地"，成为自己梦想中的"人物"的愿望，已经成为她坚持下去的内在动力。实现目标和让父母为她骄傲是她努力学习的原因。这也是推动她学习每一个具有挑战性的科目直到掌握为止的内在动力。

后来发生了一个重大事件，几乎使她的人生轨迹偏离了轨道。汉娜还在上小学的时候，由于宗教迫害，她和她的家人被迫离开了自己的祖国。汉娜和她的家人逃到了另一个国家，在那里以难民的身份生活。在那个国家，他们很安全，但那里并不是他们的家。汉娜当时还不懂英语（这是当地难民的通用语言），也不懂这个新国家的母语。她无法理解周围的世界，路标、餐厅菜单、街上的行人等都让她感到陌生。当然，这一切都给她带来了巨大的压力和焦虑，但她最大的心痛是学校里的变化。她努力学习英语，却无法跟上当地难民学校的进度。她从原本学业有成、一帆风顺的状态，跌入了一个令人沮丧和尴尬的重新起步的阶段。她只是一个九岁的孩子，却要和四岁的孩子一起上语言课。她从班里的尖子生变成了垫底的差生。

一天晚上，在床上，她无意中听到父母在谈话，听到母亲在哭泣。他们经济拮据，担心自己是否让孩子失望。那一刻，汉娜感同身受地体会到了他们的痛苦，感受到他们肩上的沉重负担。她知道，作为一个九岁的孩子，自己能做的不多，但这仍然是她人生的一个转折点。她没有被压力和悲伤击垮，她找到了重新努力学习的动力。她决定不让学业上的困难成为父母的额外担忧。她再次鼓起勇气，让父母为她的勤奋和努力感到骄傲。于是，汉娜再次打算全心全意地追求学业，就像她在祖国时那样。

从此，她熬夜学习。她认真写英语作业，决心学好这门新语言。在学校，她要求老师只用英语和她说话。她的控制信念和自我效能感很高。她知道自己有能力取得成功。渐渐地，她每天学到的东西越来越多。她只用了三年时间就完成了学前班到六年级的学业。她还明确了自己长大后想成为什么样的"人物"。在此之前，她受到了伤害和不公正待遇，特别是她的家庭经历了宗教迫害以及作为难民生活的艰辛，于是，她萌生了攻读法律学位的愿望。她渴望拥有力量和知识来捍卫正义，帮助那些受到伤害的人，并有所作为。她立志成为一名律师，这是她与不公正做斗争的内在动机的主体表现。这让她萌生了去美国一所备受推崇的法学院就读的动机，因为美国的法学院在国际上更受认可。

在她继续上初中和高中的过程中，她的梦想受到了其他同学的质疑，他们对她的目标和成功的决心感到威胁。由于汉娜是新生，在很多方面都是"局外人"，他们经常排斥她，并质疑她的成就。这些学生会指责她为了取得好成绩而作弊，还会嘲笑她想去美国攻读法律学位的愿望。这些对峙击垮了她的精神，但她的父母鼓励她坚持下去。他们提醒她，只要全心投入、努力学习，梦想是可以实现的。他们的支持给了她继续前进的动力。

作为父母，我们往往是孩子的第一位榜样，也是最有影响力的榜样，我们的支持和鼓励可以极大地激发他们学习和取得成功的动力。在汉娜的案例中，当她面临挑战时，她的父母一直给予她支持。当他们的家庭经历变故时，他们以身作则、坚持不懈。他们勤奋工作，承担经济负担，在困难时期坚韧不拔。此外，他们的鼓励帮助她克服了在学校遇到的挫折，激励她继续前进。这一切都为汉娜打下了坚实的基础。

父母的支持鞭策着汉娜不断前进，她也不断取得好成绩。她的勤奋让她跳了一级，高三免读，提前一年毕业，时年 16 岁。汉娜的故事提醒我们所有人，我们很早就讨论过的"家长参与循环"（PEC）是家长参与孩子学习历程的有用工具。只要坚持不懈地应用 PEC，培养孩子追求梦想的兴趣，本书中概述的学习方法就能在孩子们的脑海中根深蒂固，帮助他们实现自己的理想。

此时的汉娜已经完成了高中学业，准备迈出下一步。为了支持她上法学院的梦想，也为了搬到一个可以真正建立长期家园的国家，她的家人找到一家合作机构，帮助他们在美国重新定居。值得庆幸的是，她懂这里的语言，但其他一切也发生了可喜的变化。现年 17 岁的她，在一家咖啡店找到了一份工作，以便攒钱上大学。在早班工作时，她经常要面对的挑战是，她作为难民学到的正式的"英式英语"与在美国南部遇到的非正式的美式英语之间的差异。同事和顾客会因为她听不懂他们说的话而变得不耐烦，但如果说她在这些年中学到了什么，那就是继续努力工作，不要丧失对自己适应新事物和克服困难的能力的信心。她认识到了自己工作的价值。她将这份工作视为自力更生的机会。同时，这份工作也为她提供了一片学习的沃土，让她能够适应新的文化。

当她了解了美国的大学制度后，她意识到自己没有足够的钱支撑她去攻读学位，而她的父母也没有能力在经济上扶持她。经过反复研究，她申请了政府资助，在学期学费到期的前一天，她获得了佩尔助学金，成功地支付自己的学费。

现在，在大学里，她的动力就是要出人头地，成为一名律师，而这个伟大的梦想需要她取得好成绩，这促使她将 GPA 保持在 4.0 以上。她经常被评为优等生。截至本书出版时，她已经完成了社区大学的前两年课程，并将于 2023 年秋季转入中田纳西州立大学。她已经形成了一种终生不变的模式，那就是无论做什么工作，她都会有始有终，因为这些工作有很高的任务价值。

多年来，汉娜也逐渐认识到良好的学习策略的重要性。听课时，她会全神贯注。课后，她会复习笔记，研究任何令她困惑的问题，并研究讲座之后留下的问题。她会想方设法学以致用。如果老师讲得不吸引人，她就会寻找其他相关的讲座或阅读相关书籍。在时间允许的情况下，她会提前预习和学习。对于需要记忆的内容较多的科目，她会定期回过头来复习术语以加深记忆。她需要通过反复的练习、试验、试错，才能确定哪些习惯最适合自己。她越是看到某些习惯的成功，就越是向这些习惯靠拢，并体验到努力工作和坚持不懈的好处。

汉娜和她家人的故事彰显了致力于实现目标、克服挑战、在看似不可逾越的环境中坚持不懈所带来的美好回报。这是一个充满痛苦和心酸的故事，其中有些情节与你的孩子将经历的成长并不直接相关，但这是一个我们都可以从中学习和受到启发的故事。汉娜相信自己的能力，并不断努力优化自己的学习经历，她努力工作（即使面对压倒性的逆境）追逐律师梦想的内在动机令人钦佩，值得我们效仿。

汉娜和她的家人

　　我们以《盲人摸象》这个寓言故事作为本书的开头，这个故事考虑到了一个人经验的局限性，从而强调了谦逊的必要性。它强调了我们知道的有多么少，我们需要学习的有多么多。汉娜的故事将这一理念完整地呈现出来，邀请我们每个人都保持开放和谦逊的态度，不仅要向周围的人学习，而且作为父母，也要对孩子的学习经验保持接纳的态度。在如何帮助孩子方面，我们每个人都有很多需要学习的地方——在什么地方应该介入并引导他们，在什么地方应该保持沉默，让孩子的兴趣来引导他们。

　　这两个故事都有一个关于感知和我们自身视角所带来的局限性的主题。在《盲人摸象》的故事中，每个盲人只能理解大象的一小部分，因此他们对大象的看法也各不相同。同样，在汉娜的故事中，她也面临着各种限制和障碍，导致她以特定的方式看待自己的处境。作为难民，她与语言和文化差异的斗争让她觉得自己是个局外人，但通过努力和决心，她克服了这些限制，实现了自己的梦想。这两个故事都强调了认识到自身限制和偏见的重要性，以及理解他人观点的重要性。只有看到全貌，并设法理解他人的观点，我们才能对周围的世界有更深刻、更准确的认识。

汉娜的故事和《盲人摸象》的寓言故事也提醒我们，学习是一种多方面的体验。学习过程是多层次的、复杂的。作为父母，我们必须支持和鼓励孩子的学习经历，同时接受他们独特的观点和想法，包括他们所拥有的具体梦想和愿望，这些梦想和愿望可以让我们洞察到什么才是激励他们的内在动机。

作为难民和学生，汉娜的父母在她充满挑战的人生旅途中起到了至关重要的指导和支持作用。他们认识到教育的重要性，鼓励汉娜追求自己的梦想，尽管作为一个家庭，他们面临着重重障碍。他们为她提供了所需的指导和支持，同时也给予她自由，让她按照自己的节奏去探索和发现自己的兴趣。就像汉娜的父母一样，我们必须认识到教育的重要性，鼓励孩子追求自己的梦想，同时为他们提供必要的指导和支持，帮助他们克服前进道路上可能面临的挑战。

我们需要想方设法培养孩子的内在动机和天生的好奇心，同时避免对他们的一举一动进行过于挑剔的微观管理。汉娜重申，她的父母非常好，不会将她与其他同学或哥哥相比较。这有助于加强汉娜与父母之间的关系。无论她的成绩如何，她的父亲的问题总是："你做得最好吗？"如果是，她就会被告知，无论成绩如何，她都做得很好。

我们必须注意孩子是否愿意并乐于运用本书所讨论的原则和策略。这并不总是容易的（这是我的经验之谈）。有时，我的女儿会对我的鼓励做出消极的反应，因为我逼得太紧了，期望她张开双臂、全心全意地接受我所有的建议。我知道，有时我最好通过示范和鼓励来引导。汉娜分享说，她的父母为她树立了勤奋、奉献和克服困难的榜样。他们在成为难民时也面临着学习英语的挑战，他们不得不在每一个新的地方寻找新的工作、教堂和社区网络。即使有时他们感到沮丧，但他们总是坚持不懈，尽自己最大的努力。汉娜目睹了父母勤奋工作的行为，这促使她也要这样做。

基于榜样和鼓励的理念，我想起了从一位导游那里学到的关于养育子女的宝贵一课。当我和妻子访问以色列时，我们的导游阿里·巴尔-大卫（Arie Bar-David）是一位弥赛亚派犹太人，充满灵感和智慧。他与我们分享的一个重要见解就是关于养育子女的。他鼓励每个成年人在与孩子交流时，尽可能"跪下来"，和孩子们打成一片。这是一种身体力行的行为，可以提醒我们说孩子的语言，因为我们的沟通方式要与孩子的成熟程度产生共鸣。

例如，当我们作为父母管教孩子时，我们应该牢记他们的理解水平，并记住有很多方法可以表达我们的观点。最好的方法通常是通过我们的语气、眼神、肢体语言和面部表情与他们沟通。每个孩子都有自己的语言风格和独特的沟通方式。我们的工作就是要注意这一点。如果我们真的想让孩子成为更好的学习者，我们就需要从他们的角度来看待本书中提出的所有观点。我们必须了解孩子们的交流方式，进而了解他们的学习方式，这样我们才能真正用与他们产生共鸣和联系的方式来教育他们。

在我们生活的当今世界，变革的步伐正以前所未有的速度加快，而且丝毫没有放缓的迹象。几年前还必不可少的技能和知识，今天可能已经不再适用，我们必须不断适应和发展，才能跟上时代的步伐。正如我们在第一章中讨论的，学习新事物的能力比以往任何时候都更加重要。我们必须教会孩子把学习当作一个持续的过程，一个永远不会真正结束的旅程。

这里的好消息是，只要有正确的心态和本书中讨论的实用步骤和策略，任何人都可以获得富有成效和有趣的学习体验。首先要有内在动机，相信自己有能力控制自己的行为和结果，要有正确的学习策略，愿意探索新的想法，甚至提前做好学习新信息的准备。这意味着要有开放的心态和好奇心，要善于提问，并寻求新的信息和体验。

我们可以通过采用这种学习方法来充分挖掘青少年学生的个人潜能和职业前景。我们可以帮助他们在不断发展的世界中培养和获取茁壮成长所需的技能和知识，我们也可以在竞争日益激烈的全球市场中保持领先地位。

因此，当我们要为本书收尾并结束我们共同的学习之旅时，让我们牢记学习的重要性。让我们继续挑战自我，帮助孩子们超越自我，永不停止成长和发展，因为，孩子们只有拥抱学习的力量，才能真正发挥自己的全部潜能，并对周围的世界产生积极的影响。

请您加入智慧学习（智学）育儿社区

尊敬的读者朋友：

我们非常荣幸地向您发出特别邀请，您是我们尊贵的读者群体中的一员。您对孩子教育旅程的投入激励着我们，我们认为您是智学育儿社区的完美人选。

我们的社区在等着您

- 推荐家长必备清单：精心挑选的高质量育儿资源，包括书籍、电影、播客等。
- 互动形式：通过视频、信息图表和清单来探索关键的育儿策略。
- 省时资源：获取专为您繁忙的日程安排而设计的、简明且有影响力的工具。
- 社区支持：加入志同道合的育儿网络，他们与您一样致力于培养孩子取得学业成功。

作为社区成员，您会做什么

- 及早获取新资源和出版物。
- 参加引人入胜的网络研讨会和与顶尖教育专家进行的问答环节。
- 享受与其他家长分享经验、挑战和胜利的平台。

如何加入社区

只需访问 https://wisestlearners.com/join-the-community/ 并注册即可。这个快速又简单的过程为您打开了获取丰富的教育资源的大门。

您的为人父母之路是独一无二且充满挑战的。让我们为您提供支持，让您的育儿旅程同样充满收获和成功。

今天就加入我们，为您孩子的学习之旅迈出下一步！

致以热烈的问候！

智学团队

——

您的参与不仅仅是我们智学社区团队的一个补充，更是我们共同迈向卓越教育的里程碑。

引入智学学校资格认证计划

增强学校权能，实现卓越教育

我们深知，智学学校在塑造孩子未来方面扮演着至关重要的角色。为了提升智慧学习的影响力，我们自豪地推出了智学学校资格认证计划。该计划旨在使学校与最高的教育质量标准保持一致，并动员智学社区利益相关者（家长、教师和学生）全部参与进来，大家共同努力促进孩子学业成功。

计划亮点

- 全面培训与辅导：参与计划的学校将接受专家主导的培训，并获得持续的辅导，以便实施最佳教育实践。
- 通过评估提供支持：定期进行评估以确保遵守"智学"标准，为学校提供反馈和改进建议。
- 社区参与：该计划强调合作方式的重要性，让家长、教师和学生参与到教育改进的过程中来。
- 表彰卓越：通过认证的学校将获得智学社区的卓越印章，以表彰其对教育质量的承诺。

智学认证学校的好处

- 提升教育成果：通过我们的结构化计划，学校学生的学习成绩和参与度都将得到显著提高。
- 社区信任与声望：资格认证标志着对卓越的承诺，有助于提升学校在家长和教育界中的声誉。
- 加入卓越的网络：加入由认证学校组成的社区，共享资源、见解和最佳实践成果。
- 持续支持与发展：受益于智学团队的持续支持与资源，确保持续的成长与发展。

活动参与方式

- 有意加入"智学学校资格认证计划"的学校可以在线申请，请登录 https：//wisestlearners.com/join-the-community/。
- 申请流程包括初步评估以及随后的详细认证（配有相应的认证路线图）。

让我们共同创造一个让每个学生都能茁壮成长的教育环境。您的学校迈向卓越的旅程就从"智学学校认证计划"开始。

请加入我们的变革之旅！

衷心问候！

智学团队

———

我们可以通过集体的努力和大家对学习质量的承诺，创造一个培养明日领袖的教育环境。

作者简介

苏宪平

苏宪平（Wallace Panlilio II）
教育心理学博士

苏宪平博士是一位经验丰富的教育家兼企业家。他拥有菲律宾大学教育心理学博士学位，并担任了 14 年的校长。此前，他在本科阶段学习了经济学和政治学，接着，又拿到了创业学和教育领导力专业的双硕士学位。

苏宪平博士目前是数字化企业私营有限公司（Digital Ventures Pte. Ltd.）的首席导师。这家公司致力于人工智能解决方案和出版事业。在过去 10 年中，他还与人合伙创立了几家开创性的教育机构，为成千上万的学生提供了教育服务。

在职业生涯之外，苏宪平博士还是一名狂热的开放水域游泳运动员，在过去的 10 年里参加了各种游泳比赛。他的家人也深耕于各个行业的学习。他的妻子谢丽尔（Sheryl）是一名学校校长，擅长幼儿教育；他的女儿塞琳娜（Selynna）专门从事人力资源、区块链技术和数字营销工作。苏宪平博士在教育、创业和育儿领域拥有丰富的经验和专业知识。

阿蒂姆·津琴科

阿蒂姆·津琴科（Artyom Zinchenko）
认知神经科学博士

阿蒂姆·津琴科博士是一位颇有成就的作家兼认知神经科学家，在该领域拥有丰富的经验。他在德国马克斯－普朗克研究所的莱比锡分所获得了认知神经科学博士学位，在那里，他的研究重点是情绪和认知冲突处理。

津琴科博士现在是慕尼黑路德维希－马克西米利安大学的一名研究员和教员，他的研究兴趣包括视觉搜索过程中的"认知－情感"互动和长期记忆引导的注意力。他使用多种神经生理学方法来支持自己的研究，如经颅磁刺激、脑电图、皮肤电导、眼动追踪和脑电图、功能磁共振成像联合方法。

津琴科博士在研究之外，还是一位经验丰富的教师，他曾教授脑电图方法、认知神经科学和数据分析课程。他还致力于向高中生介绍认知神经科学。

津琴科博士是两个孩子的父亲，他喜欢辅导他的孩子学习，这也激励他自己继续学习。他目前正在学习机器学习、统计学和应用程序设计等领域的新知识。